EL DERECHO MILITAR ESPAÑOL

M.ª Concepción Pérez Villalobos
(Coord.)

EL DERECHO MILITAR ESPAÑOL

GRANADA
2013

El Centro Mixto UGR-MADOC no se responsabiliza de las opiniones de los autores

EL DERECHO MILITAR ESPAÑOL
ISBN: 978-84-338-5547-3 Depósito legal: Gr./1.271-2013
Edita: Editorial Universidad de Granada
Campus Universitario de Cartuja. Granada
Fotocomposición: García Sanchis, M.J., Granada
Diseño de cubierta: José María Medina Alvea
Imprime:
Printed in Spain *Impreso en España*

INDICE

PRÓLOGO

Me llena de satisfacción y orgullo participar en la edición de este nuevo libro que engrosa la Biblioteca Conde Tendilla, y que versa sobre las I Jornadas de Derecho Militar Español celebradas en Granada en marzo del pasado año. Es el compendio de las conferencias pronunciadas por un elenco de eminentes juristas civiles y militares, resultado de un laborioso y sólido proyecto de trabajo brillantemente expuesto en el prólogo por la que ha sido co-directora de las Jornadas, Dña. María Concepción Pérez Villalobos, Profesora de Derecho Constitucional de la Universidad de Granada.

Como coordinador de las Jornadas y ponente en las mismas para mí ha supuesto una especial satisfacción poder llevar al Paraninfo de la Facultad de Derecho, al corazón histórico de la Universidad de Granada, lo que hoy es mi acendrada vocación y profesión jurídico-militar, pues en esas aulas adquirí la formación y los conocimientos necesarios para poder desempeñar hoy mi cargo de Asesor Jurídico del MADOC, a través de las enseñanzas de una pléyade de eminentes científicos y maestros del Derecho que tuve la suerte de conocer y admirar entre los años 1976 y 1981.

Esta obra trata de responder a una inquietud manifestada por distintos colectivos profesionales, deseosos de conocer más profundamente el derecho militar en general y la organización y funcionamiento de la jurisdicción militar, en particular. Hablamos de una parte del derecho que afecta jurisdiccional y administrativamente a más de cien mil familias y que abre a los licenciados en Derecho la posibilidad de ingresar mediante una oposición en el Cuerpo Jurídico Militar.

Esta obra se nutre primordialmente de las contribuciones de los ponentes de este Cuerpo Jurídico Militar que participaron en las citadas jornadas y que aportan una amplia visión de sus diversas tareas en los diferentes niveles del asesoramiento jurídico, en los tribunales militares y en el ministerio fiscal, enriquecida con las participaciones de otros ponentes procedentes del ámbito universitario y castrense.

En conjunto se trata de una manifestación de la voluntad y el trabajo común de la Universidad de Granada y del Mando de Adiestramiento y Doctrina del Ejército de Tierra de difundir a toda la sociedad y muy especialmente a la comunidad universitaria y a los profesionales del derecho, este sector de la ciencia jurídica tradicionalmente ausente de los planes de estudio universitarios. El espacio en que se desarrolla esta iniciativa no puede ser más propicio, pues en el convergen los intereses de la Universidad, depósito del saber y del conocimiento universal, y del MADOC, órgano fundamental en la preparación del Ejército de Tierra y, como tal, depositario del saber castrense. El resultado que cabe esperar sólo puede ser la prestación de un mejor servicio público a la cohesión y el desarrollo de nuestra sociedad a la que ambas instituciones servimos.

Resulta obligado en el prólogo de una obra que pretende ser una introducción al Derecho Militar español hacer al menos una breve referencia a la importancia del derecho militar español y a su evolución histórica, y ello sin pretender en absoluto ser exhaustivos, lógicamente será a través de la lectura de las ponencias que se recogen en ésta publicación como se podrá obtener una mayor ilustración de la temática expuesta.

Las primeras disposiciones referentes a la Justicia Militar Española se encuentran en la Edad Media dispersas en el Foro Juzgo, el Foro Real, los Foros Municipales y las Partidas. Estas contienen normas que fijan los ámbitos de la jurisdicción militar en forma mucho más explícita y ya sistematizada, pudiendo ser consideradas, como el verdadero arranque de nuestra legislación militar nacional.

No obstante es comúnmente aceptado en sentido estricto que el Derecho Judicial Militar surge con la aparición de los ejércitos permanentes. Hasta entonces los núcleos armados tenían carácter temporal por lo que los preceptos penales y orgánicos-procesales a ellos referidos se dictan esporádicamente, como respuesta a demandas concretas y sin pretensión de llegar a constituir una normativa estable. Será en las postrimerías del siglo XV, tras la creación de los primeros cuerpos armados profesionales con organización permanente y especialización de sus integrantes cuando comienzan a promulgarse las ordenanzas, particulares primero y generales después donde se previene con creciente detalle una justicia autónoma, rápida y enérgica, dirigida a mantener la disciplina de las unidades creadas. Entre las ordenanzas destacan las primeras de Flandes dadas por Alejandro Farnesio el 13 de mayo de 1.587. Con base en las obras de Francisco Valdés y Sancho de Londoño este texto normativo a pesar de su carácter particular limitado al ejercicio y administración de la jurisdicción y justicia en los países bajos tuvo una aplicación general siendo el más completo de la época. A éste origen seguiría todo un proceso de codificación posterior, así apuntaremos solo algunos datos y fechas relevantes. Sobre la base de la subsistencia de las ordenanzas reconocida en la propia Constitución de 1812, se realizaron a partir de 1815 algunos trabajos oficiales encaminados a encauzar la reforma de la legislación militar.

Será en 1880 cuando una comisión presidida por el General Ros de Olano elabora unos principios que fueron promulgados como Ley de Bases de 15 de junio de 1882, que establecían las bases de la justicia en el Ejército y la Armada y que limitaba su aplicación por Tribunales especiales, la competencia jurisdiccional, las causas de desafuero y preveía la aplicación subsidiaria del código penal para los delitos no previstos en el militar. Estos principios dieron lugar a la Ley de 10 de marzo de 1884 de organización y atribuciones de los Tribunales de Guerra, al Código Penal del Ejército de 17 de noviembre de 1884 y a la Ley de Enjuiciamiento Militar de 29 de septiembre de 1886. En 1887 se nombra una comisión que para sustituir a las tres leyes elaboró un solo código con la pretensión de formar un todo armónico más fácil de estudiar y más sencillo y de breve aplicación. Así nace por decreto de 27 de septiembre de 1890 nuestro primer Código de Justicia Militar.

En la Armada se hizo asimismo uso de la autorización contenida en la Ley de Bases de 1882, y conforme a ella el 24 de agosto de 1888 se promulgó el Código Penal de la Marina de Guerra.

Estos textos fueron derogados por el Código de Justicia Militar de 1945 con la única excepción del Capítulo III del Título Adicional de la Ley de Enjuiciamiento Militar de la Marina relativo a los expedientes por hallazgos y salvamentos en el mar.

El artículo 95 de la Constitución de 1931 estableció la jurisdicción penal militar quedará limitada a los delitos militares a los servicios de armas y a la disciplina de todos los institutos armados. No podrá establecerse fuero alguno por razón de las personas ni de los lugares. Se exceptuaba el caso del Estado de Guerra. Por tanto desaparecía la competencia basada en la calidad de la persona o el lugar de la ejecución. A fin de consolidar la unidad jurisdiccional se declaraba disuelto el Consejo Supremo de Guerra y Marina creándose la Sala de Justicia Militar en el Tribunal Supremo que integrarían Magistrados procedentes de la Carrera Judicial y de los Cuerpos Jurídicos de los ejércitos de Mar y Tierra. Aunque el 21 de junio de 1936 aparecía publicado otro proyecto ni siquiera llegó a debatirse en el Parlamento, la Guerra Civil había comenzado y las reformas iniciadas serían abolidas de inmediato por el nuevo orden político-militar.

La Ley de 5 de septiembre de 1939 dispuso en su artículo 5.°, que tan pronto el Consejo Supremo de Justicia Militar estuviese constituido, que se crea afecto al Ministerio del Ejército y con las facultades que le estaban atribuidas hasta el 14 de abril de 1931 en que fue suprimido, y en el plazo más breve posible habría de nombrar una Comisión que estudie y redacte un proyecto de nuevo Código de Justicia Militar que unifique y regule el ejercicio de la Justicia en las tres jurisdicciones de Tierra, Mar y Aire. Así nacería el Código de Justicia Militar de 1945 presentado en un texto único las leyes orgánicas procesales y penales y la normativa disciplinaria. Ante todo representa la unificación normativa de las Fuerzas Armadas. Se desarrollaron algunos trabajos tendentes a modificar el código, sin embargo, ninguno prosperó y ello porque, en suma, no existía voluntad política por reformar un código que todas sus imperfecciones era plenamente aceptado en el ámbito castrense.

La reforma integral de la justicia militar española tiene su origen en los Pactos de la Moncloa y más concretamente en los acuerdos sobre el programa de actuación jurídica y política aprobado el 27 de octubre de 1977 entre los objetivos de la política legislativa que se refería en tales acuerdos figuraba la reforma parcial y urgente de la legislación penal y procesal militar con el fin de adaptarla a las exigencias propias de la nueva realidad democrática.

La reforma de la Ley de 1980 estableció, en su disposición final primera, la constitución de una Comisión que elaboraría «un proyecto articulado de Código o Códigos referentes a la Justicia Militar antes de una año a partir de su constitución, en el que se reflejen debidamente los principios jurídicos del orden constitucional nacional, la autonomía y especialidad de la jurisdicción militar equilibradamente ponderada con la unidad procesal y sustantiva del ordenamiento jurídico y el sistema del poder judicial, así como el progreso comparado de los de la orgánica judicial militar de los Ejércitos extranjeros de más asidua relación».

Este mandato normativo tenía, además, ya, su complemento en la Ley Orgánica 6/1980, de 1 de julio, por la que se regulan los criterios básicos de la Defensa nacional y la Organización militar, que, en su artículo 40 (constitutivo del título VII: «De la jurisdicción militar»), establece que:

1. La Justicia Militar se administrará en nombre del Rey en la forma que señale el Código de Justicia Militar y de acuerdo con lo dispuesto en el artículo 123 de la Constitución.
2. La Ley regulará el ejercicio de la jurisdicción militar en el ámbito estrictamente castrense y en los supuestos de estado de sitio, bajo los principio de especialidad jurisdiccional, salvaguardando debidamente la unidad del Poder Judicial del Estado.
3. La jurisdicción militar conocerá, juzgará y ejecutará lo juzgado en los procedimientos que en la misma se sigan, conforme a lo establecido en el Código de Justicia Militar.
4. El procedimiento penal militar establecerá la garantía de defensa. La apelación, casación y revisión de los fallos de los jueces y tribunales estarán reguladas en el Código de Justicia Militar con las restricciones que para el estado de sitio o tiempo de guerra se determinen.
5. La constitución, funcionamiento, gobierno y estatuto de la Autoridad judicial militar, sus Juzgados, Tribunales y Ministerio fiscal jurídico militar y el personal a ellos asignados, se regulará en la ley y en los reglamentos de desarrollo».

La Comisión para el Estudio y Reforma de la Justicia Militar se constituyó formalmente el 17 de noviembre de 1980.

Ante todo, con el Código penal militar se separan las leyes penales de las procesales y orgánicas, técnica ciertamente generalizada en Derecho comparado y que, además, fue la adoptada, según vimos, por nuestros mejores Códigos, el del Ejército de 1884 y el de la Marina de Guerra de 1888.

En otro orden, con el Código penal militar se produce, conforme a lo previsto en la disposición final segunda de la Ley Orgánica 9/1980, una radical separación entre lo penal y lo disciplinario, confundido en el Código de 1945.

La Ley de la Competencia y Organización de la Jurisdicción Militar fue promulgada como Ley Orgánica 4/1987, de 15 de julio, publicada en el Boletín Oficial del Estado el día 18. La Ley comienza estableciendo, en un título preliminar, los principios que rigen la jurisdicción militar y el ejercicio de la potestad jurisdiccional, de acuerdo con el mandato del artículo 117.5 de la Constitución.

La Ley 9/1988, de 21 de abril, de planta y organización territorial de la jurisdicción militar determinó los cinco territorios, así como las sedes de los Juzgados y Tribunales, siendo las de éstos Madrid, Sevilla, Barcelona, La Coruña y Santa Cruz de Tenerife. En síntesis, el artículo 117.5 de la Constitución consagra la existencia, dentro del Poder Judicial del Estado, de una jurisdicción militar, informada por los mismos principios constitucionalmente establecidos y limitada, en orden a su competencia, al «ámbito estrictamente castrense».

La Ley Procesal Militar, cuyo Proyecto fue definitivamente aprobado por el Pleno del Congreso de los Diputados en su sesión del 6 de abril, fue promulgada como Ley Orgánica 2/1989, de 13 de abril, publicándose en el Boletín Oficial del Estado número 92, del día 18. La normativa procedimental vino, asimismo, a culminar, tras más de diez años de trabajos, la reforma integral del Ordenamiento judicial militar, materializado básicamente en el Código penal militar y en los textos procesales, a través de los cuales se ha configurado una Justicia castrense acorde con la Constitución y regida por los principio comúnmente aceptados en nuestro entorno sociocultural.

Este mínimo y preciso recorrido histórico del Derecho militar del que excluimos la parte correspondiente al Derecho disciplinario militar por no ser objeto de estas jornadas, se ha extraído del Prólogo de la obra «Justicia militar», del profesor de la Universidad de Cádiz y miembro del Cuerpo Jurídico Militar en excedencia, D. Antonio Millán Garrido.

Mi agradecimiento especial, a compañeros y superiores, al General Consejero Togado, Asesor Jurídico General D. José Luis Poyato Ariza, por su total compromiso con esta publicación. Al General Consejero Togado D. Jesus Bello Gil, Fiscal Jefe de la Sala V del Tribunal Supremo, profesor de derecho procesal en mi época de alumno en la Escuela Militar de Estudios Jurídicos. A mi compañero, que fuimos en la Fiscalía Jurídico Militar de la Región Militar Sur, hoy Presidente del Tribunal Militar Central, D. Antonio Gutierrez de la Peña, y a mi admirado compañero de la Asesoría Jurídica General, General Auditor D. Gonzalo Zarranz Domenech. Por último y muy especialmente a las directoras de las Jornadas, D.ª María Concepción Pérez Villalobos, impulsora de esta publicación, y D.ª María Ángeles Cuadrado Ruiz, ambas profesoras de la facultad de Derecho de la Universidad de Granada.

Finalmente agradecer el apoyo prestado desde los inicios por el Jefe del MADOC, Teniente general D. Francisco Puentes Zamora y por el Rector Magnífico de la Universidad de Granada, profesor D.

Francisco Gonzalez Lodeiro, cuyo impulso se ha canalizado a través del Centro Mixto UGR-MADOC, el órgano creado por ambas instituciones para responder a estos fines.

Sólo resta desear que disfruten de la lectura de las ponencias recogidas en este texto; su paso por la imprenta coincidirá prácticamente en el tiempo con la celebración de las segundas jornadas de Derecho Militar, que darán continuidad a esta iniciativa, augurando un futuro apasionante, pero… eso ya será otra historia.

FRANCISCO DÍAZ CORVERA
Teniente Coronel Auditor
Asesor Jurídico del MADOC

INTRODUCCIÓN

Hace algunos años la Facultad de Derecho puso en marcha el *practicum* para los alumnos que terminaban su formación en la Facultad. Entre las instituciones que colaboraron desde el inicio en esta actividad se encontraba el MADOC, con cuya asesoría jurídica completan esta formación algunos de nuestros estudiantes. Los profesores que tuvimos la ocasión de ser tutores de estos alumnos sabemos que, más allá de la realización de unas prácticas, tienen la oportunidad de conocer un sector del ordenamiento jurídico que no siempre puede estudiarse con profundidad durante la realización de los estudios de la licenciatura en Derecho, y ahora del Grado. Fue así como entre Francisco Díaz Corvera, Asesor Jurídico del MADOC y yo misma, tutores de ambas instituciones, surgió la idea de organizar un encuentro que, con el tiempo, llegó a plasmarse en las I Jornadas de Derecho Militar español, celebradas en la Facultad de Derecho los días 27, 28 y 29 de marzo de 2012. Esas Jornadas fueron, por ello, concebidas como una introducción a las singularidades que presenta el Derecho Militar, formado ya como una rama del Derecho, que tiene también una proyección profesional y un campo laboral cada vez más amplio. Respondían, por tanto, a una inquietud manifestada por numerosos profesionales del Derecho, alumnos de la Universidad, especialistas en Derecho y personal de las fuerzas armadas en general, acerca del ordenamiento jurídico propio de la defensa y de las normas aplicables a un colectivo cada vez mejor conocido por el conjunto de los ciudadanos.

La buena acogida que tuvieron nos ha animado nuevamente a celebrar unas II Jornadas dedicadas a materias de Derecho Internacional humanitario. Se trata ya de una actividad a la que pretendemos dar continuidad. Estoy plenamente convencida de que el Derecho Militar debe entrar en los planes de estudios de Derecho y en la formación que se recibe en las facultades de esta disciplina, de manera que la propia doctrina científica se involucre cada vez más en la profundización y estudio de estos temas.

Este libro recoge las ponencias presentadas en las I Jornadas. Dejo al lector comprobar por sí mismo la alta especialización de los autores y el magnífico tratamiento de cada tema, no en vano son algunos de los mejores jurídicos españoles en materia de Derecho Militar, que unen a su condición de juristas, la de miembros de las fuerzas armadas, por lo que me atrevo a aventurar que este libro puede convertirse en uno de los referentes de esta materia.

La obra se divide en cuatro capítulos. El primero de ellos recoge dos ponencias: una referida al asesoramiento jurídico en el ámbito del Ministerio de Defensa, del General Consejero Togado José Luis Poyato Ariza, Asesor Jurídico General del Ministerio de Defensa; y una segunda, sobre los derechos fundamentales de los militares, desarrollada por el Coronel del Ejército de Tierra Ramón Gómez Martínez.

El segundo capítulo agrupa los temas referentes a la jurisdicción militar española, elaborados por el General Antonio Gutiérrez de la Peña, Consejero Togado y Presidente del Tribunal Militar Central, y por el General Jesús Bello Gil, Consejero Togado y Fiscal Jefe de la Fiscalía Togada de la Sala V del Tribunal Supremo.

El tercer capítulo, relativo al derecho militar y la resolución de conflictos, expone el tratamiento jurídico de los conflictos y ha sido redactado por el general Gonzalo Zarranz Domenech, Jefe de la Asesoría Jurídica General, por el coronel Carlos Aurelio Busto Saiz, Jefe de la Sección de asuntos internacionales del MADOC, y por el teniente coronel auditor Francisco Díaz Corvera, Asesor Jurídico del MADOC.

El cuarto se dedica al estudio de algunos aspectos referentes al ámbito internacional como el tratamiento del género, realizado por M. Concepción Pérez Villalobos, profesora Titular de Derecho Constitucional de la Universidad de Granada, y la prohibición del uso de la fuerza por Naciones Unidas, que ha sido abordado por el Teniente Auditor, Juan Carlos de la Cerra Juan.

Quiero agradecer a todos los autores su plena disposición a participar desde el primer momento en que se lo propusimos y el trabajo realizado después para revisar y adaptar sus textos para la publicación. Igualmente, a la profesora M.ª Ángeles Cuadrado Ruiz con quien tuve el honor de compartir la dirección de las Jornadas. Este agradecimiento se extiende al Centro Mixto UGR-MADOC por el apoyo y el impulso que aporta a estos estudios, sin cuyo aliento los profesores universitarios no nos habríamos atrevido por estos caminos.

M.ª Concepción Pérez Villalobos
Profesora Titular de Derecho Constitucional
Universidad de Granada

CAPÍTULO 1

EL DERECHO MILITAR Y EL ORDENAMIENTO JURÍDICO

CAPÍTULO 1.1.
EL ASESORAMIENTO JURÍDICO EN EL ÁMBITO DEL MINISTERIO DE DEFENSA

JOSÉ LUIS POYATO ARIZA
General Consejero Togado
Asesor Jurídico General del Ministerio de Defensa

Hoy en día se aprecia un notable incremento de la función asesora en cualquier actividad que contemplemos. El ámbito militar no es extraño a ésta tendencia y, concretamente en lo que se refiere al campo jurídico, en los últimos tiempos ha aumentado el convencimiento de la utilidad y necesidad de disponer del adecuado asesoramiento en los diferentes escalones de mando al ser evidente la incidencia de los aspectos jurídicos en la actividad militar.

En nuestras Fuerzas Armadas la potenciación de la función asesora es evidente, la idea de contar con asesoramiento jurídico se va imponiendo y cada vez es mayor la tendencia a solicitar informes sobre cualquier materia, en muchas ocasiones sobre cuestiones en las que dicho informe no es perceptivo. Podemos afirmar que han sido superados incluso por el propio Cuerpo Jurídico ciertas minusvaloraciones que en su tiempo se dieron hacia la función asesora, estoy seguro que para muchos compañeros «tan jóvenes como yo» (*ó poco menos*) no les será tan difícil recordar como en las *Auditorias* (de Guerra) se llamaba «papel pequeño» a lo que no era jurisdiccional y que hoy constituye el elemento esencial de nuestro asesoramiento al mando.

Hoy es una realidad fácilmente constatable como cada vez son más las actividades, los organismos que cuentan con Asesoramiento Jurídico propio, y muchos más los que desearían tenerlo. Una primera consecuencia de todo ello es la necesidad de potenciar los órganos consultivos, no sólo en cuanto al ámbito de intervención sino fundamentalmente en la formación, especialización de quienes hayan de desarrollar todas las funciones.

El asesoramiento jurídico en materia administrativa cumple una función constitucional ya que nuestra Carta Magna en su artículo 103.1 proclama el principio de sumisión de la Administración a la legalidad al establecer que la Administración Pública sirve a los intereses generales, con sometimiento a la Ley y al Derecho. Ello impone necesariamente que todo acto administrativo, para que tenga validez y eficacia, sea acorde con la normativa jurídica que lo regula, de aquí la especial importancia que dentro de la función consultiva, tiene todo lo referente a los órganos de asesoramiento jurídico.

En el ámbito militar el asesoramiento se presta bajo los principios de generalidad, profesionalidad, independencia, jerarquía. El primero de ellos porque las asesorías jurídicas tienen una serie de materias en las que tienen que intervenir (disciplinaria, contratación, recursos, Derecho Internacional Humanitario; Derecho Guerra). Sin embargo no tiene límites en cuanto al alcance de su función y así vemos como el asesoramiento jurídico abarca, en principio, todos los campos del derecho. A este respecto es clarificadora la Orden General 7 de 1996 de la Dirección General de la Guardia Civil que en su artículo 5.° establecía como cometidos de las Asesorías Jurídicas de las Jefaturas de Zona el de «asesorar al Jefe de Zona en todos aquellos asuntos que considere someter a su examen».

La *Profesionalidad* ya que como vemos corresponde al Cuerpo Jurídico Militar, prestarlo en las FAS; es el único Cuerpo en materia jurídica.

El 3er Principio es la *Independencia* perfectamente descrita en el volumen VI (años 1966-1977) de los Anales de la Dirección General de lo Contencioso del Estado cuando dice «Cualquier Órgano Consultivo Jurídico ha de tener una posición de independencia en el sentido de que el consultante no puede pretender influir en el contenido del informe. Cualquier intento de conversión del órgano de consulta en un jurista de cámara que se ocupara únicamente de certificar por el derecho una decisión preconcebida, acabaría por arruinar la propia función consultiva». «La independencia es para la formación de dictámenes».

Ahora bien es fundamental a la hora de concebir la independencia no ver aquella como algo incompatible con el deber de defensa de la Administración. Con el mayor respeto a la legalidad y objetividad debe evitarse que los informes se conviertan (por sistema) en un obstáculo constante a la labor decisoria.

Un problema que se plantea en lo militar, donde habitualmente y como principio general, el Asesor tiene empleo inferior a la Autoridad a la que asesora, es el determinar si aquel puede ser sancionado en el ejercicio de sus funciones como consecuencia de la emisión de un informe.

En mi opinión y aún cuando no disponga el Asesor de un estatuto como el que establece el titulo VII de la Ley Orgánica de Organización y Competencia de la Jurisdicción Militar (LOCO) ni de una reserva en la potestad Disciplinaria como la establecida en la Ley Disciplinaria para quienes ejercen funciones fiscales ó jurídicas debe entenderse que a fin de evitar una quiebra absoluta en su independencia no puede ser sancionado directamente por la autoridad receptora del informe.

El asesor es responsable del informe que emite, pero únicamente debe ser sancionado en los casos de manifiesta mala fe o negligencia inexcusable y nunca directamente por la Autoridad que asesora.

En esta materia debe hacerse jugar la doble dependencia orgánica y funcional del asesor jurídico y en su virtud considerar que las sanciones en el ejercicio de su función deberán ser impuestas, en los casos de manifiesta mala fe o negligencia, por autoridad diferente a la receptora del informe.

El cuarto principio que rige el asesoramiento jurídico en las Fuerzas Armadas es el de *jerarquía.* Como ya se ha indicado el asesoramiento se desempeña con una dependencia funcional de la Asesoría Jurídica General cuyo titular ejerce la dirección ésta función en el ámbito del Ministerio de Defensa y en consecuencia puede controlar y dirigir la actividad de las Asesorías Jurídicas cursando instrucciones, resolviendo dudas o manteniendo reuniones con los jefes de los mismos, al objeto de asegurar la debida coordinación y unidad de criterios.

Hagamos un poco de historia y veamos cómo se inicia el Derecho Militar en el transcurrir del tiempo.

González-Delito expone que «históricamente jurisdicción indica potestad decisoria, enjuiciamiento, «ius puniendi», ejercicio de diversas funciones, pero con independencia de la Administración, porque la separación de las Autoridades Administrativas y Judiciales, tan preconizadas en nuestro Derecho moderno, era desconocida en la mayor parte de los pueblos antiguos y sobre todo entre los romanos. En la España primitiva no hay diferencia entre mando y justicia, cuyos primeros vestigios han sido aventurados por García Gallo, en los «suffetes» fenicios, especies de Magistrados temporales y electivos con atribuciones políticas y judiciales, y en los «estrategas» griegos que se diferenciaban de los «Arcontes» en que éstos dirimían los pleitos civiles, mientras los primeros se ocupaban de los juicios relacionados con la actuación de los ejércitos en campaña.

En la civilización romana, según refiere Mommsen, la jurisdicción militar era ejercida por Tribunos de las legiones y estaba delegado en los oficiales manteniendo los Generales, en supuestos de percepción personal de delitos, la posibilidad de castigar sin ninguna forma de proceso.

Más adelante surge la figura del «magister militum» como depositario de la potestad jurisdiccional sobre los soldados y los «apparitores» como encargado de la ejecución de las sentencias. Se aprecia ya la distinción entre delitos comunes y militares y en este sistema de enjuiciamiento es característico que el mando militar lleva aparejado el poder punitivo.

La edad media no aporta, desde el punto de vista del Derecho Militar ningún dato interesante, en una zona como la española, caracterizada por la diseminación normativa en un sin número de fueros municipales.

Ninguna novedad castrense advierten los estudiosos del asunto hasta la aparición de las «7 partidas» del Alfonso X, que según afirma el Auditor Salcedo vendrían a ser consideradas «durante muchísimo tiempo como el Cuerpo General y Común del Derecho Militar en España». Las nuevas figuras serán los «Alféreces del Rey», el «Adalid», los «Almocademas», los «Almogavares». los «Almirantes», los «Comitres», los «Condestables», etc.

Es, a finales del siglo XV cuando «se constituye también con autonomía el derecho referente a la guerra u organización militar como consecuencia de la formación de los ejércitos permanentes y de la necesidad de mantener su disciplina», surgiendo entonces los primeros atisbos del Derecho Militar, en el que no cabe aún una distinción entre Normas Penales y Disciplinarias.

Con los Reyes Católicos, que crean el ejército nacional y permanente aparece la figura del Capitán General, en el que se unifica el mando y la Justicia y aparecen los «Preboste» (Policía Judicial). La moderna Justicia Militar está constituida por las «Ordenanzas de Alejandro Farnesio, conocidas también como las «primeras de Flandes», de 1587 y en las que se regulan los cargos de Auditor General y Auditores particulares.

Con los Borbones aparecen los famosos y conocidos «Consejos de Guerra, que se mantienen hasta hace relativamente pocos años.

En 1890 se promulga el 1er Código de Justicia Militar, punto de la refundición del Código Penal del ejército de 1884 y del Código de la Marina de Guerra de 1888. Las características principales de estos Códigos son: competencia por razón de la materia, de la persona y del lugar; ejercicio de jurisdicción compartida entre la Autoridad Militar (Capitán General o Almirante) con su Auditor y la existencia de una cúspide jurisdiccional común en el Consejo Supremo de Guerra y Marina.

En el paréntesis republicano se crea una Sala de lo Militar en el Tribunal Supremo, precedente del actual sistema.

En fecha 17 de julio de 1945 se promulga el Código de Justicia Militar, uniforme para los tres Ejércitos. En este Código conocido por algunos como el «vademécum» de 1945, se incorporan en el mismo cuerpo legal, el conjunto de normas orgánicas procesales y sustantivas, necesarias para el ejercicio de la Jurisdicción Militar, en el que ya aparece una distinción entre el Régimen penal y el Régimen Disciplinario (delitos y faltas penales). La diferenciación entre la acción penal y disciplinaria en el Código de Justica Militar fue analizada con su claridad habitual por el Auditor Penalista José María Rodríguez Devesa.

En los campos del Derecho Penal Militar, Derecho Disciplinario Militar y Jurisdicción Castrense desde la aprobación de la Constitución la legislación o la actuación del legislador ha sido relevante. Como ya hemos explicado en el Código de Justicia Militar convivían tanto la regulación penal, como la disciplinaria (indistinguidas, según Jiménez Villarejo), así como la Justicia Militar. Y era totalmente necesaria su modificación.

Hasta 1988 existían 3 Cuerpos Jurídicos Militares, los correspondientes al Ejército de Tierra, la Armada y el Ejército del Aire. A partir de esta fecha y tras la promulgación de la Ley 6/1988, se crea el Cuerpo Jurídico Militar y por ello se unifican los 3 Cuerpos Jurídicos. De esta manera se celebran los 25 años del Cuerpo Jurídico Militar.

En la actualidad, aproximadamente, son 320 los miembros del Cuerpo Jurídico Militar, en dos vertientes —303 militares de carrera y 17 militares de complemento—.

Los militares de carrera, es decir, los Oficiales Jurídicos con los empleos de Teniente a General Consejero Togado (General de División), mientras que los Militares de Complemento van de los empleos de Alférez a Capitán Auditor.

La plantilla actual es de acuerdo con el Real Decreto 947/ 2009, sobre Plantillas.

Se ingresa mediante concurso-oposición, con una serie de pruebas:

a) Prueba de conocimientos
b) Prueba de inglés
c) Aptitudes psicofísicas
d) Aptitud física

Me atrevo a aventurar que es una de las oposiciones más completas de toda la Administración Pública, pues como pueden adivinar no solo hay que superar las pruebas de conocimiento, sino también unas pruebas físicas, similares a las del resto de los Cuerpos Generales de las Fuerzas Armadas. En las pruebas de conocimiento hay 2 ejercicios orales de materias tales como Derecho Constitucional, Derecho Civil, Derecho Penal, Derecho Administrativo. Derecho Internacional. Derecho Procesal. Derecho Laboral y Derecho Mercantil (Puede observarse que se someten a examen todas las materias y clases de Derecho).

Pues bien una vez superadas las pruebas de ingreso (este año se han convocado 5 plazas para el Cuerpo Jurídico Militar) se siguen los períodos de Formación.

El período de Formación General Militar, que dura 4 meses, de septiembre a diciembre se realiza en las 3 Academias Militares, es decir en la Academia General Militar de Zaragoza (donde a finales de octubre se jura bandera), Academia General del Aire en San Javier (Murcia) y la Escuela Naval Militar de Marín (Pontevedra).

Posteriormente y durante un período de 6 meses (de enero a julio) reciben la formación específica en la Escuela Militar de Estudios Jurídicos (EMEJ), con sede en Madrid, en donde ingresan como Alféreces Alumnos y terminan el curso como Tenientes Auditores, después de la entrega de despachos en una de las Academias Militares (alternativamente cada año).

De acuerdo con la Ley 39/2007, de la Carrera Militar, en su art. 37 se establece que «los miembros del Cuerpo Jurídico Militar, agrupados en una Escala de Oficiales tienen como cometidos los de *Asesoramiento Jurídico* y los que conforme al ordenamiento jurídico se correspondan en la Jurisdicción Miliar».

De acuerdo también con la Ley 52/19967, de Asistencia Jurídica del Estado, en la que se establece las funciones de la Abogacía del Estado, en su propio artículo 1.° se dice «no obstante el Asesoramiento Jurídico en el ámbito del Ministerio de Defensa y de los Organismos autónomos adscritos al mismo corresponderá a los miembros del *Cuerpo Jurídico Militar*».

Esta Ley, la 52/97, establece los 3 Cuerpos con función asesora en la Administración del Estado. Los Abogados del Estado por Real Decreto 997/2003, y los Letrados de la Seguridad Social por Real Decreto 943/2004, han desarrollado sus propios Estatutos.

¿Deberíamos hacer lo mismo en el Cuerpo Jurídico, dotándolo de un Estatuto Propio? o bastaría con desarrollar su función asesora en el ámbito de la Defensa.

Pues bien, en el momento actual puedo asegurar, que ya hemos empezado a trabajar en un borrador, que está pendiente de su aprobación, en principio, por la Subsecretaría de Defensa, para su posterior elevación al Sr. Ministro para aprobar el Estatuto jurídico sobre Asesoramiento Jurídico ejercido por los miembros del Cuerpo Jurídico Militar (estamos en ello).

Los cometidos de los miembros del Cuerpo Jurídico los podemos establecer en 3 grandes Grupos, por un lado los de asesoramiento; los de la Jurisdicción Militar, establecidos como mas tarde veremos, en Tribunales, Juzgados y Fiscalías; y por otro, quizás, los mínimos existentes, los docentes.

En el momento actual podemos decir que los miembros del Cuerpo Jurídico están distribuidos, en forma de destinos como un 49% en Asesorías Jurídicas, un 35% en destinos de Jurisdicción y un solo 16%, en otros destinos (gestión, docencia, gabinetes, etc.).

Hasta el año 1977, fecha en que se creó el Ministerio de Defensa, había 3 Asesorías Jurídicas en los Ministerios de Ejército, Marina y Ejército del Aire. Es por tanto a partir de la creación del Ministerio de Defensa cuando se crea la Asesoría Jurídica General.

Si estudiamos la Orgánica del Ministerio de Defensa, debemos de empezar por señalar los órganos superiores y directivos del mismo. Así tenemos aparte de los Ejércitos (Tierra, Armada y Aire) al Jefe del Estado Mayor de la Defensa (JEMAD), Secretario de Estado de Defensa (SEDEF), Subsecretario de Defensa (SUBDEF) y al Secretario General de Política de Defensa (SEGENPOL).

Pues bien como órganos directivos dentro de la Subsecretaría de Defensa tenemos; 1) Secretaría General Técnica (SEGENTE); 2) Dirección General de Personal (DIGENPER); 3) Dirección General de Reclutamiento y Enseñanza (DIGEREN); 4) Asesor Jurídico General de la Defensa (ASEJUDEF); 5) Interventor General de la Defensa (INTERDEF); 6) Inspector General de Sanidad (DIGESAN), y Organismos Autónomos tales como el ISFAS (Instituto Social para las FAS).

Como vemos por tanto la Asesoría Jurídica General depende de la Subsecretaría de Defensa.

La Asesoría Jurídica General de la Defensa venía recogida en el art. 16 del Real Decreto 1883/1996, de 2 de agosto, de Estructura Básica del Ministerio de Defensa, y en la actualidad en el art. 11 del nuevo Decreto de Estructura del Ministerio del año 2011.

La función de asesoramiento jurídico es única en el ámbito del Departamento y se ejerce bajo la dirección del Asesor Jurídico General de la Defensa.

Los principales cometidos de esta Asesoría Jurídica General son los siguientes:

1. Asesoramiento Jurídico del Ministro de Defensa y demás órganos superiores y centros directivos del Departamento.
2. Relaciones con los Órganos de la Jurisdicción (Fiscalía Togada y Tribunal Militar Central). Así como con la Abogacía General del Estado (Dirección General de los Servicios Jurídicos del Estado).
3. Coordinación con el resto de las Asesorías Jurídicas, que más tarde señalaremos, a las cuales les podría dictar Instrucciones y Circulares, en las que se ordenarán los criterios jurídicos aplicables en el departamento.
4. Asesoramiento en materia penitenciaria militar.
5. Intervención en la actividad legislativa, informando sobre la legalidad material de las Disposiciones Generales (Leyes, Decretos Ordenes Ministeriales, Instrucciones, Circulares) que se generan en el Departamento y sobre la incidencia en el mismo de las Disposiciones Generales de otros Ministerios.

6. Emisión de los informes jurídicos preceptivos y aquellos otros que sean requeridos (relaciones internacionales, derecho patrimonial y contratación administrativa, personal —recompensas, destinos, ascensos, retribuciones, inutilidades, expedientes gubernativos y disciplinarios, indultos, responsabilidad patrimonial y recursos administrativos).

Al frente de la Asesoría Jurídica General de acuerdo con el Real Decreto 1287/2010, se encuentra un General Consejero Togado, que es nombrado por Real Decreto, acordado en Consejo de Ministros, y que ostenta la mayor precedencia, por razón del cargo respecto a los demás puestos y destinos del Cuerpo Jurídico Militar.

Dentro del Organigrama de la Asesoría Jurídica General, debemos de contar, además del Asesor Jurídico General de la Defensa, con el General Auditor Jefe Adjunto y con el Coronel Secretario del que dependerá el personal civil (funcionario y laboral) que presta sus servicios en la Unidad y con el Registro de la Asesoría.

Bajo las órdenes del General Auditor, Jefe Adjunto (podremos llamarle, en términos coloquiales, el 2.°) trabajan un número de Oficiales Auditores, que en la actualidad son: 3 Coroneles, 3 Tenientes Coroneles, 5 Comandantes, 3 Capitanes, así como personal auxiliar de oficinas.

Siguiendo con esta estructura la Asesoría Jurídica General tiene su trabajo distribuido por áreas, que bajo las Jefaturas de Coroneles o Tenientes Coroneles, realizan su trabajo, bajo una cierta especialidad. Las áreas de la Asesoría Jurídica son:

—Área Disciplinaria
—Área Internacional-Patrimonio
—Área de Personal
—rea de Pensiones-Inutilidades

Pues bien, con todo este Organigrama señalado hasta ahora si estudiamos las estadísticas del año 2010, vemos que fueron 13.318 los asuntos totales registrados, de ellos 4.871, fueron de cuestiones de personal, 4.009 de pensiones —inutilidades, 1.095 de contratos-Patrimonio, 470 de Disposiciones Generales, 1.792 de Disciplinario-Tribunales Militares, 1.021 de Retribuciones e indemnizaciones y 65 de varios.

Dependiendo, como ya hemos dicho, funcionalmente podemos y debemos citar las siguientes Asesorías Jurídicas:

—*Asesoría Jurídica del Estado Mayor de la Defensa*, al frente de un Coronel Auditor, del Cuartel General del Estado Mayor de la Defensa. (De ella dependen los Asesores Jurídicos que participan en las distintas operaciones internacionales).

—*Asesoría Jurídica del Cuartel General del Ejército de Tierra* al frente de un General Auditor. De esta Asesoría dependen, a su vez, las Asesorías Jurídicas integradas en la Orgánica del Ejército de Tierra como son: Asesoría Jurídica de Fuerzas Terrestres (Sevilla), A.J. de Canarias (Tenerife), A.J. de Ceuta y Melilla, A.J. del MADOC (Granada), A.J. de la Inspección General (Barcelona); A.J. del Cuartel General de Alta Disponibilidad (Bétera-Valencia), A.J. de Dirección de Acuartelamientos (Madrid), A.J. de Fuerzas Ligeras (Madrid), A.J. de Fuerzas Pesadas (Burgos); A.J. de Fuerzas Logística Operativa (La Coruña).

—*Asesoría Jurídica del Cuartel General de la Armada*, al frente, también de un General Auditor, de la que dependen la A.J. de la Bahía de Cádiz (Rota), A.J. de El Ferrol, A.J. de Canarias (Las Palmas) y A.J. de Acción Marítima (Cartagena).

—*Asesoría Jurídica del Cuartel General del Ejército del Aire*, con un General Auditor al frente, de la que dependen la A.J. del Mando Aéreo-General (Madrid), A.J. del Mando Aéreo de Combate (Torrejón-Madrid), A.J. del Mando de Canarias (Las Palmas) y A.J. de la Base Aérea de Zaragoza.

—*Asesoría Jurídica de la Guardia Civil*, con un General Auditor como Jefe, y con auditores, es decir, miembros del Cuerpo Jurídico Militar, en la Dirección General de la Guardia Civil. Además tiene Asesorías Jurídicas en las Zonas más importantes de la Guardia Civil, es decir, en Madrid, Barcelona, Valencia, Sevilla, A Coruña, Las Palmas, Toledo, León, Zaragoza y Vitoria.

—*sesorías Jurídicas de Organismos Autónomos del Ministerio de Defensa.* En diferentes Organismos Autónomos dependientes del Ministerio de Defensa hay asesoramiento jurídico propio, es decir, cuenta con una Asesoría Jurídica propia dirigida por un Oficial Auditor del Cuerpo Jurídico Militar. Citemos a Centro Nacional de Inteligencia; al INVIED (organismo procedentes del la unificación del Instituto para la vivienda de las FAS (INVIFAS) y de la Gerencia de Infraestructura de la Defensa, al INTA (Instituto Social para las Fuerzas Armadas), al Servicio Militar de Construcciones (SMC).

—*Otras Asesorías.* Tenemos por ultimo personal del Cuerpo Jurídico en las Asesoría Jurídicas del Cuarto Militar de la Casa de S.M. El Rey, en la U.M.E. (Unidad Militar de Emergencias), en la Subdirección de Personal Civil, en la Secretaria General Técnica. (de Vicesegente tenemos un General Auditor, y en la Subdirección General de Recursos e Información Administrativa, a cuyo frente hay un Coronel Auditor, hay destinados 5 ó 6 compañeros del Cuerpo Jurídico), así como en los Gabinetes del Secretario de Estado de la Defensa, de la Subsecretaria de Defensa y de la Secretaria General de Política de Defensa y en la Dirección General de Política de Defensa (DIGENPOL).

Como hemos podido observar allí donde hay una autoridad de Defensa, bien política ó militar, al lado tiene un jurídico, para asesorarle. Vemos que son muchos por tanto los profesionales del Derecho con que atendemos a ese colectivo de más de cien mil personas que formamos las FAS españolas.

Pero sigamos con otras Asesorías Jurídicas que mantenemos al día, que no son otras que las relativas al Derecho Internacional, y que forman parte de ese Asesoramiento Jurídico Internacional. Hoy en día, además de la ya citada Asesoría Jurídica Digenpol, tenemos la A.J. en el Cuartel General de la OTAN en Madrid, la Asesoría Jurídica en el Eurocuerpo en Estrasburgo (Francia) y hasta Julio de este año 2012, la A.J. en Eurofor (Florencia-Italia).

Se debe de hacer un punto especial en el Asesoramiento en las Misiones Internacionales en las que participan nuestras Fuerzas Armadas, bien como observadores, como fuerzas de interposición, en misiones de mantenimiento de la paz o prestando ayuda humanitaria.

Un especial interés despierta la extrema y variada legislación a tener en cuenta y que son necesarias para aplicar en las Misiones en que las FAS españolas desarrollan fuera de territorio nacional. Debemos aplicar la normativa del Derecho Operativo, que podemos definir, de acuerdo con la Asesoría Jurídica General, como «El conjunto de normas que regulan la intervención militar en operaciones y las consecuencias jurídicas que se derivan de la presencia y actuación de las Fuerzas Armadas en la Zona de Operaciones, que serán distintas según tenga lugar en Territorio Nacional o en territorios de otros Estados». Hay que tener en cuenta en este campo el marco legal necesario para la intervención (Resoluciones del Consejo de Seguridad de Naciones Unidas) hasta el Estatuto de la Fuerza (SOFA) que constituye el arco y marco jurídico para el desarrollo de la operación, dando cobertura legal y protección jurídica al contingente y a sus componentes, también en este campo debemos de resaltar el estudio de las ROE,s o reglas de Enfrentamiento, como procedimientos a tener en cuenta en los supuestos de aplicación del uso de la fuerza, incluso letal.

No nos olvidaremos del Derecho Penal y Disciplinario para poder aplicar en la Zona de Operaciones. También a los contingentes se les aplicará el Derecho Contractual español, los planes de la operación, órdenes complementarias, normas operativas, etc.

Ya desde 1979, en que existe una primera colaboración de la Guardia Civil y de las FAS españolas en Guinea Ecuatorial, España ha participado en medio centenar de Operaciones Militares. Citaremos entre las más importantes con despliegues las de: Guerra del Golfo (1990); Kurdistán Iraquí (1991); Guerra de Bosnia y Herzegovina (1992); Adriático SHARP-GUARD (1993); Albania— ALBA (1997); Centroamérica — Huracán «Mitch» (1998); Albania, Macedonia, Guerra de Kosovo (1999); Aguas del Mediterráneo (2001); Afganistán, Asia Central-Libertad Duradera (2002); Guerra de Irak (2003); Haití-MINUSTAM (2004); Tsunami Indonesia (2005); Líbano (2006); Chad (2007); Aguas de Somalia, Congo-EUSEL (2009); Uganda, Terremoto Haití (2010) y Libia (2011).

Pues bien, en todas estas misiones han sido a día de hoy, 165 los militares que han fallecido. Desde aquí rindo homenaje a todos ellos. Todas estas misiones han supuesto el reconocimiento expreso de la ciudadanía española al militar español y les ha convertido en los mejores embajadores de España allí donde no hay alfombras ni cumbres internacionales. Son ellos los que, encuesta tras encuesta, han propiciado que en la España actual las FAS sean la Institución más valorada y querida.

En el actual momento las Misiones en curso son las siguientes:

1. EUROFOR Althea-Bosnia y Herzegovina (UE)
Objetivo.—Asegurar el cumplimiento de los aspectos militares de los acuerdos del Dayton.
Fecha: 1994.
Heredera de las operaciones IFOR y SFOR de la OTAN y, anteriormente, de la Fuerza de Protección de la ONU (UNPROFOR).
Aportación.—20 efectivos distribuidos entre el equipo móvil de adiestramiento con sede en Traunik y diversos puestos en los Cuarteles Generales de EUFOR y de la OTAN.
2. ISAF.—Afganistán (OTAN)
Objetivo.—Estabilización del país y fortalecimiento del Gobierno interino.
Fecha: 2002 hasta finales de 2014.
Aportación.—400 militares del Ejército del Aire en Herat y 1100 en la provincia de Badghis desplegados en Qala i Nao, Ludina y Moquer.
3 FPNUL.—Litore Hidalgo — Líbano (ONU)
Objetivo.—Vigilancia del cese de hostilidades en la frontera entre el Líbano e Israel tras la guerra entre Israel y la guerrilla chií de Hizbola.
Fecha: Desde 1978, se incrementa en 2005, año que España envía tropas.
Aportación.—A final de este año 900 militares en Marja-Juen y Naqura, iniciándose una disminución del contingente.
4. ATALANTA.—Aguas del Índico y Yibuti (U.E.)
Objetivo.—Erradicar la piratería en las aguas del Índico.
Fecha: 2009
Aportación.—Es aproximadamente de 380 militares repartidos en el Buque «Castilla», el BAM «Relámpago» y el destacamento aéreo «Orión», con un avión de vigilancia marítima CN-235 desplegado en Yibuti.
5. EUTM —Somalia — Uganda (U.E.)
Objetivo.—Adiestrar a las Fuerzas de Seguridad somalíes para lograr la estabilidad en el país en coordinación con la Unión Africana.
Fecha: 2010
Aportación.—38 efectivos desplegados en el Cuartel General de la Misión en Uganda (16 en Kampala y 3 en Bihanga), uno en

Bruselas y 18 instructores para el adiestramiento específico en la zona de Bihanga (Uganda).

6. EUSEC —RD. Congo (UE)

Objetivo.— Restablecer y fortalecer la seguridad del país.

Fecha: 2005.—Vigencia hasta el 30/09/13, prorrogable.

Aportación.—Un suboficial desde junio de 2009.

7. Monusco —RD. Congo (ONU)

Objetivo.—Observar el proceso de paz tras la 2.ª guerra del Congo.

Fecha: 1999.—Autorizada hasta el 30 de junio de 2013, prorrogable.

Aportación.—España participa desde el año 2004, con observadores militares.

Capítulo 1.2.
DERECHOS FUNDAMENTALES DE LOS MIEMBROS DE LAS FUERZAS ARMADAS

Ramón Gómez Martínez
Coronel del Ejército en la Reserva

La idea de que el militar está en una posición diferente en cuanto al ejercicio de sus derechos y libertades, viene de antiguo. Bastará recordar que —en el año 1932—, don Manuel Azaña decía:

> Vosotros, los militares, [...], sois, en efecto, una clase privilegiada [...]; pero una clase privilegiada en este sentido: que tenéis más deberes que los ciudadanos españoles y unos pocos menos derechos [...], porque voluntariamente los habéis renunciado al aceptar la profesión militar [1].

La idea persiste y no solo en el ámbito civil de la sociedad, porque —recientemente— un general que fue Jefe del Estado Mayor del Ejército, decía:

> El militar, por el solo hecho de serlo, tiene más deberes que derechos [2].

La última expresión legal de esta posición peculiar es la reciente Ley Orgánica 9/2011, de 27 de julio, de derechos y deberes de los miembros de las Fuerzas Armadas (LODFAS), que actualiza la cuestión de los derechos fundamentales de los militares españoles;

[1] Discurso de Azaña a los jefes y oficiales de Valladolid el 14 de noviembre de 1932. Reproducido en Aguado, Emiliano (1986): *Don Manuel Azaña Díaz*, Ed. SARPE, Madrid, pág. 243.

[2] Así lo expresó el general don Luis Alejandre Sintes en una conferencia titulada «El marco constitucional de las Fuerzas Armadas», que pronunció en la Facultad de Derecho de la Universidad de Granada, el día 23 de febrero de 2012, organizada por el *Club de la Constitución* de esa ciudad.

como un hito legislativo que cierra —por ahora— un largo periodo que conviene rememorar de manera sucinta, para intentar comprender por qué y cómo hemos llegado e este punto.

1. Antecedentes. Perspectiva histórica

Remontándonos a la Constitución de 1812, entre los diputados de las Cortes de Cádiz existía la firme intención de acabar con los privilegios, conforme al principio de igualdad, para lo que decidieron reducir «a uno solo el fuero o jurisdicción ordinaria en los negocios comunes, civiles y criminales» [3]; porque creían que la variedad y el abuso de los fueros privilegiados en el Antiguo Régimen había sido una de las principales causas del mal funcionamiento de la Administración de Justicia.

No obstante, consideraron indispensable conservar aquella parte del fuero militar que fuera necesaria «para conservar la disciplina y subordinación de las tropas» [4]. Sobre esta base, en el nuevo modelo político diseñado, quedó una excepción propia del sistema estamental anterior, en forma de una jurisdicción especial militar, aunque con posibilidades de limitarla, ya que el Texto de Cádiz precisaba que «los militares gozarán también de fuero particular, en los términos que previene la ordenanza o en adelante previniere» (art. 250) lo que abría a un posterior desarrollo legal la exacta configuración de esta jurisdicción, que en aquel momento estaba regulada en las Ordenanzas de S.M. para el régimen, disciplina, subordinación y servicio de mis ejércitos, dadas por Carlos III a 22 de octubre de 1768, que no serán derogadas completamente hasta 1978.

Tras la Revolución de septiembre de 1868, el general Prim, como Ministro de la Guerra del Gobierno Provisional, dictó una Orden Circular (6 de noviembre de 1868) «recomendando al Ejército la estricta observancia de la disciplina militar». Entre otras consideraciones se prohibía «que las clases militares tomen parte en ninguna de las asociaciones o reuniones, más o menos públicas, impulsadas o dirigidas a la expresión de una idea o de un objeto

[3] ARGÜELLES, Agustín (1989): *Discurso preliminar a la Constitución de 1812* (Introducción de Luís Sánchez Agesta), Centro de Estudios Constitucionales, Madrid, pág. 100.

[4] *Discurso preliminar...*, cit., pág. 100.

político, sea el que fuere» [5]. Posteriormente, la Constitución de 1869, cuya declaración de derechos era la más extensa y completa vista hasta entonces, con una regulación minuciosa y revestida de garantías, exceptuó del ejercicio colectivo del derecho de petición (art. 20) a «ninguna clase de fuerza armada»; limitando el ejercicio individual para los asuntos relacionados con el servicio «con arreglo a las leyes de su instituto».

La Constitución de 1931 contenía una amplia declaración de derechos pero, en el caso de los militares, un Decreto de 19 de julio de 1934 restringía severamente sus derechos y libertades (asociación, expresión, reunión, manifestación), para conseguir la neutralidad política del Ejército y mantenerlo apartado de «los apasionamientos de la política» [6].

De manera implícita, los precedentes históricos se han tenido en cuenta en los debates parlamentarios de la Ley Orgánica 9/2011, cuando algunos diputados argumentaron que el nivel de ambición de esta ley resultaba lastrado por «los viejos y trasnochados fantasmas del pasado» [7]. Posiblemente se referían a la necesidad de desprenderse del peso de determinados episodios anteriores, ya que la mayoría de estos «fantasmas» tienen que ver con la neutralidad política de las Fuerzas Armadas.

Aquí encaja el fenómeno del intervencionismo militar, que fue una constante en España desde el comienzo del liberalismo y que revistió variadas motivaciones y formas prácticas de injerencia en la política, agrupadas bajo la común denominación de *pronunciamientos.*

También cabe incluir el exagerado corporativismo profesional, presente en ciertas épocas, que se consolidó y extendió sus efectos durante el período de la Restauración monárquica, vigente la Constitución de 1874.

[5] Gaceta de Madrid núm. 312, de 07/11/1868, pág. 2 y 3. Ministerio de Guerra.

[6] En el Decreto se elogiaba la anteriormente citada Orden de 6 noviembre de 1868, «*que no cabe mejorar en su redacción ni en su elevado espíritu*».

[7] Cortes Generales. Diario de sesiones del Congreso de los Diputados. Pleno y Diputación Permanente. Año 2011. IX Legislatura. Núm. 242. Sesión plenaria núm. 230, celebrada el jueves 5 de mayo de 2011, pág. 14. (Intervención de la señora Díez González, del Grupo Parlamentario Mixto, en defensa de las enmiendas presentadas).

Como referencia, bastará con recordar dos episodios. Uno legislativo, materializado en la Ley de 23 de marzo de 1906 [8], *de represión de los delitos contra la Patria y el Ejército*, más conocida como Ley de Jurisdicciones, que se dictó como ley especial respecto a las leyes penales y procesales, para proteger al Ejército contra las críticas amparadas en la libertad de prensa. Otro referente de hecho es el las Juntas militares de Defensa, creadas en enero de 1917. Como movimiento asociativo, las Juntas afectaron a las bases de la organización militar. En origen pretendían defender intereses profesionales, pero el éxito alcanzado en sus primeras demostraciones de fuerza, les alejaron de sus objetivos y les situaron en una posición desde la que llegaron a provocar varias crisis políticas y de gobierno. Su carácter radical y reivindicativo incluía el empleo de formas de lucha propias de organizaciones sindicales.

2. Encuadre legislativo

Situados en el período de transición a la democracia que comenzó tras la muerte del general Franco, en el aspecto militar, el objetivo genérico era situar constitucionalmente a las Fuerzas Armadas con plena sujeción al poder civil y «*definir la misión del Ejército tal como se hace en las democracias occidentales*» [9], para lo que se puso en marcha una reforma militar integral, iniciada y conducida —en gran parte— por el general Gutiérrez Mellado [10].

La primera medida fue el Real Decreto-Ley 10/1977 de 8 de febrero, por el que se regulaba el ejercicio de actividades políticas y sindicales por los militares, que restringió severamente el ejercicio de los derechos que afectaran a la neutralidad en materia política (asociación, expresión, reunión, sufragio pasivo) [11].

[8] Gaceta de Madrid núm. 114, de 24/04/1906.

[9] Sanchez-Terán, Salvador (2008): *La Transición. Síntesis y claves*, Planeta S.A., Barcelona, pág. 263.

[10] Sobre este particular, véase en su totalidad Puell de la Villa, Fernando: *La transición militar*, Documento de Trabajo número 6 (Fundación Transición Española, Madrid, 2012).

[11] Este Real Decreto-Ley 10/1977 tenía una finalidad similar a la del Decreto de 19 julio de 1934, ya citado. Posteriormente fue desarrollado por el Real Decreto 706/1977 de 1 de abril, (BOE núm. 95 de 21 abril).

2.1. **Las Reales Ordenanzas de 1978**

El día 13 de septiembre de 1977, recién nombrado Ministro de Defensa, el general Gutiérrez Mellado dirigía a la Junta de Jefes de Estado Mayor (JUJEM) una «Directiva para la redacción de unas nuevas Ordenanzas», que justificaba la necesidad de actualizarlas en la «profunda transformación política y socioeconómica de España y la ratificación por parte española del Pacto Internacional de Derechos Humanos».

Las nuevas Ordenanzas debían integrar tradición y futuro. Pero también incluir derechos, deberes y normas de comportamiento. Todo con amplitud de conceptos y visión de futuro, para que fueran duraderas. Asimismo, recogerían los contenidos del «Estatuto del Militar», teniendo en cuenta lo regulado en países afines como Francia, Italia, Alemania o Inglaterra.

Las Reales Ordenanzas para las Fuerzas Armadas fueron aprobadas por Ley 85/1978 de 28 diciembre y se autodefinían en su primer artículo como «la regla moral de la Institución y el marco que define las obligaciones y derechos de sus miembros».

En su Tratado Tercero, el Título V contenía los aspectos centrales para el estatuto del militar. Y en los artículos 168 a 185 «De los deberes y derechos civiles y políticos», se encontraban las referencias a los derechos fundamentales[12]. Pero estas Reales Ordenanzas restringían el ejercicio de los derechos fundamentales más allá de las limitaciones explícitas que marca la Constitución al militar[13].

No es ocasión para entrar en detalles, pero salvando las críticas que se han hecho a esta Ley 85/1978, conviene resaltar que era la primera vez en nuestra historia que unas Reales Ordenanzas, además de aprobarse en las Cortes, recogían explícitamente un catálogo de derechos y deberes para los militares. No tenía carácter de ley orgánica, como exige el art. 81 CE para la parte

[12] El Tratado Tercero (De los deberes y derechos), constaba de dos Títulos, el V «De los deberes y derechos del militar» y el VI «De los deberes y derechos del militar de carrera». La distinción que hace el Título V entre los «deberes y derechos civiles y políticos» (art. 168 a 185) y los «deberes y derechos de carácter militar» (art. 186 a 194), es una delimitación de aquellos que corresponden a todo ciudadano y los que son específicos del militar.

[13] Artículos: 15 derecho a la vida; 28.1 CE libertad de sindicación, 29.2 CE derecho de petición y 70.e CE, incompatibilidad e inelegibilidad.

reguladora del ejercicio de derechos fundamentales y, pese a ello, se ha sostenido su validez como legislación específica, hasta el pasado 1 de octubre de 2011 [14]. No olvidemos que su procedimiento de elaboración fue rápido y atípico, porque las Ordenanzas fueron redactadas por una Comisión de militares, designada a este efecto, y hechas con la idea que en aquel momento (1978) se tenía de la necesidad de cambio y adaptación [15]. Las Ordenanzas se materializaron en forma de ley, pero podía no haber sido así, puesto que esta cuestión se discutió en la Comisión redactora. Por otra parte, tampoco suscitaron un debate parlamentario extenso ni intenso [16].

2.2. **Política legislativa militar**

A las Reales Ordenanzas seguirían otras disposiciones que acabarán configurando el marco del ejercicio profesional del militar y de la posición constitucional de las Fuerzas Armadas, en un proceso de actualización y renovación continuo. Así, en una primera etapa se promulgarán: la Ley Orgánica de Criterios Básicos de la Defensa Nacional y la Organización Militar de 1980, que fue reformada en 1984; la Ley reguladora del Régimen del Personal Militar Profesional (1989), seguida por la Ley de Régimen

[14] En cuanto a si esta Ley 85/1978 era anterior a la Constitución, está claro que entró en vigor después de la CE, la Constitución se aprobó en las Cortes el 31 de octubre (la Ley 85/ 1978, el 20 de diciembre); respectivamente, se sancionaron el 27 y el 28 de diciembre; se publicaron en el BOE el 29 de diciembre y el 12 de enero; entraron en vigor el 29 de diciembre y el 1 de febrero de 1979.

[15] La Comisión (de los tres ejércitos) estaba formada por: Presidente, Vicepresidente, Secretario, doce Vocales (un Jurídico Militar), cuatro Asesores (un Jurídico Militar). Sobre las vicisitudes y trabajos de esta Comisión, véase GÁRATE CÓRDOBA, José María (1985): «Rumbo y solera de las Ordenanzas Militares», en *Ciclos: Histórico militar y el Cádiz de la Ilustración (XX curso. Año 1982)*, Aula Militar de Cultura, Gobierno Militar, Cádiz, págs. 75-90. También SALAS LARRAZÁBAL, Ramón (1986): «Las Reales Ordenanzas», en Hernández Sánchez-Barba, Mario y Alonso Baquer, Miguel (directores), *Las Fuerzas Armadas Españolas. Historia institucional y social*, Volumen 8, Ed. Alhambra S.A, Madrid.

[16] Véase Cortes Generales. Diario de Sesiones del Congreso de los Diputados. núm. 146. Presidencia del Excmo. Sr: D. Fernando Álvarez de Miranda y Torres. Sesión Plenaria núm. 61, celebrada el miércoles, 20 de diciembre de 1978, págs. 5863-5884.

del Personal de las FAS (1999); además de las específicas de la jurisdicción militar: ley penal militar (1985), disciplinaria (1985 y 1998), procesal (1989) y de competencia y organización (1987) que fue modificada en el año 2003.

Posteriormente se ha impulsado el proceso con la Ley Orgánica 5/2005, de 17 noviembre, de la Defensa Nacional (LODN), que fija las bases de las reglas esenciales de comportamiento del militar, con una jerarquía de normas cuyo primer nivel será la propia LODN y en el segundo nivel, la Ley de la Carrera Militar recogerá esas [15] reglas esenciales, que se desarrollarán en el tercero por vía de real decreto, como Reales Ordenanzas [17].

La actual Ley 39/2007 de 19 noviembre, de la Carrera Militar (LCM), afectó profundamente a las Reales Ordenanzas de 1978. En líneas generales, derogaba los artículos que resultaban sustituidos por la propia LCM, pero se mantenían los referidos a derechos fundamentales y libertades públicas y se daba rango de real decreto a los demás [18].

El Real Decreto 96/2009 de 6 febrero, por el que se aprueban las nuevas Reales Ordenanzas para las Fuerzas Armadas, completó las derogaciones de la LCM [19]. Pero la Ley 85/1978 ROFAS, continuó siendo la norma reguladora de los derechos y deberes, puesto que los artículos correspondientes continuaron vigentes, con esta finalidad.

[17] En palabras de la Ministra de Defensa: «En los últimos seis años hemos acelerado el paso, hemos dado un nuevo impulso a la modernización necesaria para adecuar nuestras Fuerzas Armadas al nuevo contexto de seguridad. De esta forma, hemos aprobado importantes iniciativas. Me refiero a la Ley Orgánica de la Defensa Nacional, de 2005, la Ley de Tropa y Marinería, de 2006, la Ley de la Carrera Militar, de 2007, o el año pasado las nuevas Reales Ordenanzas». Cortes Generales. Diario de Sesiones del Congreso de los Diputados. Pleno y Diputación Permanente. Año 2010 IX Legislatura núm. 213. Sesión plenaria núm. 202 celebrada el jueves 16 de diciembre de 2010, pág. 8.

[18] Véase Ley 39/2007. Disposición transitoria duodécima. *Adecuación de rango normativo.* Disposición derogatoria única. *Derogaciones y vigencias.*

[19] Disposición derogatoria única. *Derogaciones y vigencias.* (También mantenía con rango de real decreto una serie de artículos de las Reales Ordenanzas específicas de los ejércitos de Tierra, Aire y Armada, y asignaba rango de orden ministerial a otros).

3. Ley Organica 9/2011 de 27 de julio, de Derechos y deberes de los miembros de las Fuerzas Armadas

Antes y durante la tramitación parlamentaria de esta ley orgánica, se subrayó que había, un «compromiso pendiente» con las Fuerzas Armadas (Ministra Chacón); una «deuda democrática» con el colectivo militar, porque —decían— quizás los ciudadanos militares se hayan visto «injustamente castigados en el olvido con un marco legal [...] sin concretar ni desarrollar convenientemente» (Rosa Díez) [20].

No les faltaba razón.

La Disposición Final 2.ª de la Ley 85/1978 ROFAS, marcaba al Gobierno un plazo de tres meses para que dictara «las normas de desarrollo relativas al ejercicio de deberes y derechos individuales».

La Disposición Final 7.ª (Adaptación del ordenamiento legal de la defensa nacional) de la Ley 17/1999, de 18 de mayo, de Régimen del Personal de las Fuerzas Armadas, emplazaba al Gobierno para que, antes del 31 de diciembre del año 2002, remitiera al Congreso de los Diputados —entre otros— un proyecto de ley sobre el régimen de derechos y deberes de los militares, adaptado al modelo de Fuerzas Armadas profesionales.

Tres años después de cumplido este plazo, la Disposición Final 3.ª de la Ley Orgánica 5/2005, de la Defensa Nacional, contenía un mandato legislativo para que el Gobierno remitiera al Congreso de los Diputados —en tres meses— un proyecto de ley reguladora de los derechos fundamentales de los militares profesionales, incluyendo la creación del Observatorio de la vida militar.

Mandato que se volvía a recordar en la Exposición de Motivos (IX) de la Ley 39/2007, de la carrera militar.

Ninguna de estas previsiones se cumplió.

3.1. **Preliminares**

En su discurso de la Pascua Militar del año 2009, la Ministra de Defensa mencionó que, a las nuevas Reales Ordenanzas, les seguiría una ley de derechos y deberes de los miembros de las Fuerzas Armadas [21].

[20] Cortes Generales. Sesión plenaria núm. 202, jueves 16 de diciembre de 2010, cit. págs. 8-13.

[21] Los discursos de la Pascua Militar, pueden consultarse en *http://www.defensa.gob.es/*

Al año siguiente y en la misma ocasión, la Ministra anunció que se habían iniciado contactos para aprobar la citada ley, cuya importancia recalcaba al poner como condición para su trámite, la consecución de un amplio consenso parlamentario.

Por aquellos días (enero 2010), la Ministra disponía de un pre-borrador de la Ley que utilizaba para una ronda de contactos con los grupos parlamentarios y asociaciones de militares. El documento se titulaba «Líneas básicas de la futura Ley Orgánica de Derechos y Deberes de los miembros de las Fuerzas Armadas» (cinco folios en cinco apartados) y en los «Antecedentes», mencionaba la Sentencia del Tribunal Constitucional 219/2001, de 31 de octubre, sobre el derecho de asociación de los militares. Declaraba como objetivos: completar el estatuto del militar; regular sus derechos fundamentales y libertades públicas «teniendo en cuenta las exigencias de la condición de militar»; crear un Observatorio de la vida militar y «culminar el ciclo de transformación, modernización y plena integración constitucional de las Fuerzas Armadas». Asimismo, consideraba la regulación de las asociaciones militares como «uno de los aspectos más relevantes de la nueva ley» [22].

En el mes de mayo de 2010, la Ministra presentó al Consejo de Ministros un informe con las líneas básicas del Anteproyecto de Ley Orgánica de Derechos y Deberes, que fue remitido al Consejo de Estado.

El día 24 de junio siguiente, el Consejo de Estado emitió su Dictamen, aprobado por unanimidad, en el que se mostró favorable al proyecto. Aunque el Consejo no formuló observaciones «de carácter esencial», hacía notar que «no existe en el anteproyecto mención alguna de la libertad religiosa en las Fuerzas Armadas, que es cuestión muy tratada por la doctrina que se ocupa de la materia». El Dictamen contenía también una serie de observaciones al articulado sobre posibles modificaciones a incluir en el proyecto de ley [23].

[22] Fuente: El Confidencial Digital. Publicado: Vie Feb 12, 2010 11:52 am. *http://forejercito.forumup.es/post-98497-forejercito.html*

[23] Entre otras, las precisiones relativas a la definición del término «*unidad*» y su adecuada ubicación en el texto del Anteproyecto; el derecho a la intimidad personal del militar; las vías de participación, que se regulan en dos vías

Además de las modificaciones derivadas de este Dictamen, el Ministerio de Defensa introdujo algunos cambios [24] y el 23 de julio, el Consejo de Ministros aprobó el Proyecto de Ley Orgánica y lo remitió a las Cortes Generales.

En el otoño de 2010, se frenó la tramitación de la Ley por el rechazo de las asociaciones de militares y por la falta de consenso de los grupos políticos, condición esta que la propia Ministra se había fijado como indispensable. De estas circunstancias derivó la lentitud en la tramitación parlamentaria, reflejada en las sucesivas prórrogas del plazo de presentación de enmiendas y en la decisión de aplazar hasta enero de 2011 las comparecencias de expertos y de afectados por la ley.

En la Pascua Militar de 2011, la titular de Defensa recordó que proyecto de ley de derechos y deberes de los militares era la respuesta «a un compromiso que la sociedad española tenía pendiente con sus Fuerzas Armadas desde el establecimiento de la democracia», y que con esta nueva ley orgánica «nuestros militares dispondrán de un marco que especifica sus derechos y sus obligaciones, así como los cauces para transmitir sus legítimas inquietudes y aspiraciones». Asimismo subrayaba que el citado Proyecto de Ley había sido fruto del trabajo conjunto del Ministerio de Defensa, los Cuarteles Generales de los tres Ejércitos y el Estado Mayor de la Defensa, y que además recibió el aval del

complementarias: la de las iniciativas y quejas por cauces internos y la vía a través de asociaciones profesionales en el Consejo de Personal de las FAS; algunos ajustes para mejorar la redacción de varios artículos referidos a los estatutos de las asociaciones profesionales; la prohibición de que las asociaciones profesionales puedan realizar actividades o ejercicios de formación e instrucción de carácter paramilitar; la prohibición de que las reuniones de carácter informativo se desarrollen en locales de Unidades de la Fuerza o del Apoyo de la fuerza de los Ejércitos; la composición del Observatorio, con miembros elegidos por el Congreso de los Diputados, pero también por el Senado. Véase CONSEJO DE ESTADO: DICTÁMENES. Número de expediente: 1023/2010 (DEFENSA). Referencia: 1023/2010. Procedencia: DEFENSA. Asunto: Anteproyecto de Ley Orgánica de derechos y deberes de los miembros de las Fuerzas Armadas. Fecha de Aprobación: 24/6/2010 (http://www.boe.es/legislacion/consejo_estado).

[24] Algunas mejoras en la redacción del proyecto de ley relacionadas con la participación en reuniones y manifestaciones que se celebren en lugares de tránsito público y los cauces de comunicación con las asociaciones de militares retirados.

Consejo de Estado, expresando su confianza en que— con el concierto de todas las fuerzas parlamentarias— se pudiera lograr «un texto equilibrado, que sea plenamente satisfactorio y que pueda ser aprobado antes del verano». También anunciaba que se estaba trabajando en una nueva Ley Orgánica de Régimen Disciplinario «que actualice la anterior», para cuyo trámite y elaboración también se buscaría «el máximo consenso parlamentario».

3.2. **Tramitacion parlamentaria**

El Proyecto de Ley Orgánica remitido por el Gobierno, se publicó en el Boletín Oficial de las Cortes Generales del día 23 de julio de 2010 junto con el acuerdo de la Mesa de la Cámara de encomendar Dictamen a la Comisión de Defensa. Asimismo, se establecía un plazo de enmiendas por un período de quince días hábiles, que finalizaría el día 17 de septiembre de 2010. Dicho plazo de enmiendas fue prorrogado en dieciocho ocasiones, la última (sólo en cuanto a las enmiendas al articulado) finalizó el 15 de febrero de 2011.

Durante este período, en la Sesión plenaria [núm. 202] del Congreso de los Diputados, del jueves 16 de diciembre de 2010, presentó el proyecto de ley la ministra de Defensa (Chacón Piqueras), en nombre del Gobierno y defendió la enmienda a la totalidad de devolución, la diputada doña Rosa Díez González, del Grupo Parlamentario Mixto. También fijaron posiciones el resto de grupos parlamentarios, aunque sin secundar esta iniciativa.

El 22 de julio de 2011 se publicó el texto definitivo aprobado por el Pleno del Congreso de los Diputados, en su sesión del día 14 anterior [25].

El 28 de julio se publicó en el Boletín Oficial del Estado núm. 180 la nueva *Ley Orgánica 9/2011, de 27 de julio, de derechos y deberes de los miembros de las Fuerzas Armadas,* que entraría en vigor el día 1 de octubre de 2011 [26].

[25] Boletín Oficial de las Cortes Generales. Congreso de los Diputados. IX Legislàtura. serie a: proyectos de ley. 22 de julio de 2011. núm. 82-27.

[26] Puede verse la secuencia completa de tramitación parlamentaria de la LO 9/2011 en: http://www.congreso.es/portal/page/portal/Congreso /Congreso/Organos/Comision?_piref73_7498063_73_1339256_1339256.next_page=/wc/servidorCGI&oriIC=S&CMD=VERLST&BASE=IWI9&PIECE=IWA9 &FMT=INITXD1S.fmt&FORM1=INITXLGE.fmt&DOCS=22& QUERY=%281%29.ACIN1.+%26+304.NCOM.

3.2.1. *Posiciones del Gobierno y de los grupos parlamentarios*

Asumiendo el riesgo de imprecisión que conlleva toda síntesis, conviene presentar unos trazos sobre las posiciones defendidas en los debates parlamentarios.

La ministra de Defensa había presentado el proyecto de ley como el último paso del profundo proceso de modernización que se había iniciado en 1978 para equiparar las Fuerzas Armadas españolas a los países de nuestro entorno. Decía que era la culminación de su marco legal y que cerraba un ciclo intenso reformista cuyo último impulso modernizador comenzó con la LODN 5/2005 para adecuar nuestras Fuerzas Armadas al nuevo contexto de seguridad del siglo XXI [27].

Los principales rasgos del texto del proyecto eran los siguientes.

Se regulaba el ejercicio de los derechos fundamentales y las libertades públicas de los militares; los derechos y deberes de carácter profesional y las vías de participación para plantear iniciativas, quejas y propuestas.

Se creaba un régimen jurídico propio para las asociaciones profesionales de militares, para que «participen directamente en la mejora de sus condiciones profesionales y de vida».

Se creaba un Consejo de Personal de las Fuerzas Armadas, como «foro de encuentro entre las asociaciones y el Ministerio de Defensa» y el Observatorio de la vida militar, «para velar por las condiciones laborales y de vida de los militares y de sus familias» [28].

Durante el debate en defensa de las enmiendas presentadas, por parte del Grupo Parlamentario Socialista, se subrayó que el proyecto de ley era el resultado de una labor conjunta dentro

[27] Congreso de los Diputados. Sesión plenaria núm. 202, jueves 16 de diciembre de 2010, cit.

[28] Al hablar de los límites del ejercicio de los derechos, entre otras consideraciones, la Ministra decía que es necesario tener presente que la condición de militar no admite pausas o excepciones, ya que «el militar siempre es militar, cuando está de servicio, pero también cuando no lo está». Y que la misión constitucional de las Fuerzas Armadas «comporta una serie de deberes que obligan a nuestros militares a asumir un estatuto que determina sus específicos derechos como ciudadanos», cuyos límites «vienen marcados por los principios de unidad, disciplina, jerarquía y neutralidad», que «son esenciales» para cumplir esa misión con toda la eficacia. CONGRESO DE LOS DIPUTADOS. Sesión plenaria núm. 202, jueves 16 de diciembre de 2010, cit.

del Ministerio de Defensa, pero también de la colaboración de los distintos grupos parlamentarios y de las asociaciones de militares, así como del Consejo de Estado. Que se había alcanzado un «amplísimo consenso» y que el desafío legislativo ahora superado era saldar una deuda legislativa que las Cortes Generales tenían con el colectivo de los militares españoles. Respondiendo también a la jurisprudencia del Tribunal Constitucional [29].

Los Grupos Parlamentarios estuvieron de acuerdo —en distinta medida— con el resultado final alcanzado [30].

Pero —naturalmente— hubo divergencias; así, se dijo que el texto del proyecto de ley llegó al Congreso «con un deje a nuestro juicio más bien restrictivo por lo que a los derechos se refiere y un cierto criterio expansivo en cuanto a los deberes» (Beloki Guerra); que tenía «el tufillo de un texto elaborado inicialmente con demasiados prejuicios», de tono inmovilista (Rosa Díez) [31].

Una idea central compartida era el reconocimiento de que los militares son ciudadanos en uniforme y que —en tanto que tales ciudadanos— son acreedores de los mismos derechos y libertades fundamentales que los demás. Pero esta perspectiva puede resultar afectada, entre otros motivos, por la consideración de diversas circunstancias históricas. A este respecto, un diputado (Llamazares) se refirió a la existencia de «un temor atávico a la indisciplina en el seno de las Fuerzas Armadas y que explica buena parte del reglamentismo de esta ley», que es uno de sus defectos, como si se temiera que el ejercicio de los derechos y libertades pudiera provocar el libertinaje y la indisciplina en las Fuerzas Armadas. Y que había un segundo temor «al ejército popular», a la politización de

[29] Cortes Generales. Sesión plenaria núm. 230, jueves 5 de mayo de 2011, cit.

[30] «El texto que hoy sometemos a votación es muchísimo mejor que aquel que llegó y que mereció una enmienda a la totalidad» (Rosa Díez). «Termino, [...], expresando mi moderada satisfacción sobre el resultado final» (Llamazares). La voluntad de acuerdo «nos ha permitido, como todos los portavoces han dicho, mejorar enormemente el texto durante la tramitación parlamentaria» (Rodríguez-Salmones) Véase en Cortes Generales. Sesión plenaria núm. 230, jueves 5 de mayo de 2011, cit.

[31] Cortes Generales. Diario de sesiones del Congreso de los Diputados. Pleno y Diputación Permanente. Año 2011. IX Legislatura núm. 262. Sesión plenaria núm. 249 (Sesión extraordinaria) celebrada el jueves 14 de julio de 2011 (Enmiendas del Senado).

las Fuerzas Armadas y que para ello se utilizaba «el mantra de la neutralidad». Por esto, «la votación en el seno de los cuarteles, es un prejuicio insuperable», que explica en buena parte la «fórmula alambicada de representación» de las asociaciones en el Consejo de Personal [32].

También se subrayó la abundancia de conceptos jurídicos indeterminados «que crean inseguridad en la aplicación de la ley» [33]. Por ejemplo, se proponía deshacer —en todo lo posible— la ambigüedad de conceptos como «condición militar» o «necesidades del servicio» o términos como «reivindicativo», porque —se decía— «marcan unos deberes y están vinculados a unas sanciones por su incumplimiento» y son fuente de litigios por su variedad de interpretaciones [34].

3.2.2. *Participación de otros actores*

En las comparecencias parlamentarias se mencionaron las diversas aportaciones y se resaltó el consenso final alcanzado en la elaboración de la ley orgánica, pero esto no fue así desde el primer momento.

En la preparación del Anteproyecto participó la estructura del Ministerio de Defensa. De hecho, en el Dictamen emitido por el Consejo de Estado sobre el Anteproyecto se indica que obra en el expediente una larga Memoria, fechada el 12 de mayo de 2010, cuyo origen administrativo no consta, en la que se describen pormenorizadamente los antecedentes del anteproyecto de ley orgánica en la jurisprudencia constitucional y en la legislación sobre Fuerzas Armadas, entre otros aspectos. También obran en el expediente informes del Jefe del Estado Mayor de la Defensa y de los Jefes del Estado Mayor de los tres ejércitos.

[32] Cortes Generales. Diario de sesiones del Congreso de los Diputados. Comisiones. Año 2011 IX Legislatura Núm. 753. Defensa Presidencia del Excmo. Sr. D. Cipriá Císcar Casabán. Sesión núm. 34, celebrada el martes 12 de abril de 2011, págs. 4-6.

[33] Cortes Generales. Sesión plenaria núm. 230, jueves 5 de mayo de 2011, cit, pág. 16 (Señor Llamazares Trigo).

[34] Cortes Generales. Comisiones. Sesión núm. 34, martes 12 de abril de 2011, cit. pág. 10 (Señora Rodríguez-Salmones Cabeza).

En julio de 2010, la Asociación de Militares Españoles (AME), expresó su opinión durante la tramitación del Anteproyecto de ley orgánica, lamentando que el Ministerio de Defensa no hubiera admitido su colaboración y que el Consejo de Estado también rechazara sus aportaciones [35]. Reseñaba algunos puntos —a su juicio— relevantes. En particular criticaba la técnica legislativa del Anteproyecto, ya que era a la vez ley orgánica, ley ordinaria, reglamento y orden ministerial. Asimismo consideraban que el sistema de representación mediante las asociaciones y en función del número de afiliados «además de no ser democrático deja fuera a los no asociados», por lo que deberían elegirse los representantes «de forma nominal y democrática, tanto de asociados como de independientes». Estimaban que la composición del Consejo de Personal, «mitad altos cargos, mitad representantes de las asociaciones, es una formula hibrida totalmente antifuncional», proponiendo como alternativa la creación de «un Consejo Asesor con los representantes y un Consejo de Personal con los altos cargos responsables». Finalmente, se temían «tener que volver otra vez al amparo del Tribunal Constitucional», por considerar que el Gobierno había interpretado su citada Sentencia 219/2001 «para limitar y reducir los derechos fundamentales de los militares».

El 3 de enero de 2011, varias asociaciones suscribieron un «Manifiesto por los plenos derechos de los militares» [36], en el que hicieron pública su opinión, expresada en diez puntos.

En síntesis, declaraban la existencia de un importante movimiento asociativo entre los militares españoles, que —a su juicio— había sido «radicalmente ignorado» e incluso perseguido por los distintos gobiernos que, en consecuencia, han adoptado decisiones «en materias sociales, económicas y profesionales» sin su participación, de lo que se han derivado «graves disfunciones y múltiples e injustas desigualdades». Asimismo, tampoco habían participado estas asociaciones en las recientes decisiones en materia de personal, carrera y normas éticas, situación que «ha sido determinante» en la creación de un «amplio malestar y en la generación de múltiples e in-

[35] *http://www.ame1.org/noticia.asp?idReg=1072*

[36] Lo suscribieron seis asociaciones de militares: AUME, ASFAS, ASCLAPAS, AMARTE, Círculo de oficiales, PEDEA. (http://www.as-fas.es/documentos/Varios/MANIFIESTO contraLODD03012011.pdf)

numerables incidencias negativas». En consecuencia, consideraban las asociaciones firmantes que era de «prioridad máxima», la publicación de una ley de derechos y libertades públicas que tampoco olvidara a los retirados y veteranos de las Fuerzas Armadas; ley que —a juicio de los firmantes— no se correspondía con el proyecto de ley orgánica presentado por el Gobierno al Congreso, «a la vista de su inasumible carácter severamente limitador de derechos fundamentales para los militares». La real y efectiva modernización de las Fuerzas Armadas españolas pasaba por promulgar «una ley moderna, actual»; una ley que debía regular —»favoreciendo su desarrollo y pleno despliegue»— la libertad de expresión, de reunión y manifestación y el derecho a la intimidad; así como el derecho de asociación «con un régimen registral común al resto de asociaciones». Por otra parte, el diseño del Consejo de Personal y el Observatorio de la vida militar previstos en el proyecto no se ajustaba a «criterios de obligada representación, en función de datos objetivos».

En apoyo de los trabajos parlamentarios, participaron —además— catorce profesionales, expertos y académicos, entre los que figuran representantes de cinco de las asociaciones de militares más representativas (AUME, ASFAS, AMARTE, CIOFAS, AME) y de la Real Hermandad de Veteranos de las Fuerzas Armadas [37].

3.3. **Contenidos**

La Ley Orgánica 9/2011 se estructura en seis títulos con cincuenta y seis artículos y termina con diecinueve disposiciones (dos adicionales, una transitoria, una derogatoria, quince finales).

Su propósito es actualizar la regulación del ejercicio de los derechos fundamentales y libertades públicas de los miembros de las Fuerzas Armadas, «con las peculiaridades derivadas de su estatuto y condición de militar y de las exigencias de la seguridad y defensa nacional» (art.1) [38]. Con ello se pretende adecuar este ejercicio

[37] Cortes Generales. Sesión plenaria núm. 230, jueves 5 de mayo de 2011, cit., págs. 22-23. (Los cita el señor Cuadrado Bausela).

[38] Con esta ley se completa el estatuto de los militares, que está «sustentado en el adecuado equilibrio entre el ejercicio de derechos y la asunción de deberes, para hacer posible el cumplimiento de las misiones de las Fuerzas Armadas y la aplicación del principio de eficacia predicable de toda Administración Pública [art. 103.1 CE]». LODFAS 9/2011. Preámbulo [II].

a la realidad social y a lo previsto en la Ley Orgánica 5/2005, de la Defensa Nacional.

Se consideran referencias para esta actualización las contenidas en la Constitución y en las leyes orgánicas de desarrollo, la jurisprudencia del Tribunal Constitucional y los artículos —que aún estaban vigentes— de la Ley 85/1978 de Reales Ordenanzas.

Las «novedades más relevantes» de la ley son tres: la regulación de las asociaciones de militares y la creación de un Registro específico para ellas; la creación del Consejo de Personal de las Fuerzas Armadas y la creación del Observatorio de la vida militar.

La ley se aplica a los profesionales que no hayan perdido su condición militar (servicios especiales y excedencia) o la tengan suspendida (retirados), a los alumnos de la enseñanza militar de formación y a los reservistas mientras estén incorporados al servicio (art. 2).

El título preliminar (Disposiciones generales), contiene tres aspectos fundamentales que irradian sus efectos al conjunto de la Ley Orgánica 9/2011.

Un principio de aplicación transversal, el principio de igualdad (art. 4), que prohíbe toda discriminación en las Fuerzas Armadas por razón de nacimiento, origen racial, sexo, religión, opinión o cualquier otra condición o circunstancia personal o social —según el art.14 CE—, a las que añade las de origen étnico, género, orientación sexual o convicciones. Además, se insta a las autoridades a que la igualdad entre el hombre y la mujer sea real y efectiva.

Un deber general de guardar y hacer guardar la Constitución y cumplir las obligaciones militares con sujeción a las dieciséis «reglas esenciales que definen el comportamiento del militar» (art. 6), que configuran el soporte ético para el ejercicio profesional [39].

[39] Las reglas de comportamiento han sufrido algunas modificaciones: «...aparecen definidas en el artículo 4 de la Ley de la carrera militar y su desarrollo reglamentario se contiene en las Reales Ordenanzas para las Fuerzas Armadas, aprobadas por Real Decreto 96/2009, de 6 de febrero. En esta ley orgánica se reproduce la redacción del citado precepto con dos importantes novedades. La primera, que ya figura en las mencionadas Reales Ordenanzas, consiste en la incorporación en la regla séptima del artículo 6.1 de esta ley orgánica del esencial principio de unidad, indispensable junto con los de jerarquía y disciplina para conseguir la máxima eficacia en la acción de las Fuerzas Arma-

Un principio para el ejercicio de los derechos, como es el principio de neutralidad (política y sindical) que debe observar todo militar y que tiene un tratamiento específico en el artículo 7.

Como sujeto al deber de neutralidad política, el militar «No podrá fundar ni afiliarse a partidos políticos y mantendrá una estricta neutralidad pública en relación con la actuación de los partidos» [40]. Como sujeto al deber de neutralidad sindical tampoco podrá fundar ni afiliarse a sindicatos, ni realizar actividades sindicales, y no permitirá su ejercicio en el ámbito de las Fuerzas Armadas, salvo las que correspondan al personal civil según su legislación, y «en todo caso mantendrá su neutralidad en relación con la actuación de los sindicatos» [41].

Para prevenir que la debida neutralidad se vulnere de manera encubierta, se especifica que los militares «no podrán recurrir a los medios propios de la acción sindical, entendida como negociación colectiva, adopción de medidas de conflicto colectivo y ejercicio del derecho de huelga. Tampoco podrán realizar acciones sustitutivas o similares a este derecho, ni aquellas otras concertadas con el fin de alterar el normal funcionamiento de las unidades de las Fuerzas Armadas» [42].

Este artículo 7 fue objeto de una enmienda «nuclear» por el Grupo Parlamentario Mixto, por considerar que no debe prohibirse en una ley orgánica un derecho que la Constitución no prohíbe, y esta no excluye a los militares de la libertad de afiliarse a un partido político. «Por eso [decían que] en la ley han de regularse todas las condiciones del ejercicio de ese derecho, pero no privarles del mismo», como ocurre en la redacción del artículo 7.1 [43].

---

das. La segunda, que se materializa en la regla cuarta del mismo artículo 6.1, es una referencia explícita a los diferentes escenarios de crisis, conflicto o guerra en los que el militar puede desempeñar sus cometidos y tener que afrontar situaciones de combate». LODFAS 9/2011. Preámbulo [III].

[40] Art. 7.1 LODFAS.

[41] Art. 7.2 LODFAS.

[42] Art. 7.2 LODFAS.

[43] Algunos grupos consideraron demasiado genérico el concepto de *«actividades políticas»*, que se cambió por «neutralidad pública en relación con la actuación de los partidos políticos».

La redacción inicial del Proyecto de Ley era: «Artículo 7. Neutralidad política y sindical. 1. El militar está sujeto al deber de neutralidad política. No

Finalmente, se proponía eliminar el párrafo en el que se prohíbe la afiliación, porque «no pretendemos que la ley diga que tendrán derecho a afiliarse a los partidos políticos, lo que pretendemos es que no diga que no tendrán derecho. Así de sencillo» [44].

3.3.1. *El ejercicio de derechos fundamentales y libertades públicas*

En el Título I se regula el ejercicio de los derechos fundamentales y libertades públicas que «requieren tratamiento específico». Observamos que está organizado en tres bloques:

---

podrá fundar ni afiliarse a partidos políticos, se abstendrá de realizar actividades políticas y no las permitirá en las Fuerzas Armadas [...]».

Enmiendas presentadas: (Boletín Oficial de las Cortes Generales. Congreso de los Diputados. IX Legislatura. Serie A: Proyectos de Ley. 24 de febrero de 2011. Núm. 82-20. Enmiendas. 121/000082 Proyecto de Ley Orgánica de derechos y deberes de los miembros de las Fuerzas Armadas).

Enmienda núm. 84 F: Grupo Parlamentario Popular en el Congreso.

Al artículo 7 De modificación. El texto quedará redactado de la siguiente manera: «Artículo 7. Neutralidad política y sindical. 1. El militar está sujeto al deber de neutralidad política. No podrá fundar ni afiliarse a partidos políticos y mantendrá una estricta neutralidad pública en relación con la actuación de los partidos políticos [...]»

Enmienda núm. 126. Firmante: Rosa María Díez González (Grupo Parlamentario Mixto) Al artículo 7, punto 1 De modificación. Texto que se propone: «1. El militar está sujeto al deber de neutralidad política. Mantendrá una estricta neutralidad pública en relación con la actuación de los partidos políticos».

Por otra parte, el Grupo de *Convergència i Unió* —entre otros—, discrepaba del Grupo Socialista y del Grupo Popular respecto a la prohibición de la afiliación de los militares a partidos políticos, como se da en Alemania, en tantos países nórdicos y hasta en trece de los Estados miembros del Consejo de Europa». CORTES Generales. Sesión plenaria núm. 230, jueves 5 de mayo de 2011, cit. Intervención del señor Xuclá i Costa, del Grupo Parlamentario Catalán.

[44] Si la Constitución no lo hizo, ¿por qué hacerlo ahora? «¿Qué miedo tenemos?, [...] no entiendo por qué este empecinamiento en ponerlo expresamente en la ley, en obligarles a que renuncien a un derecho. Me parece un prejuicio negativo sobre lo que es el ejército del siglo XXI en España que no está avalado por el espíritu de los constituyentes y desde luego mucho menos por el comportamiento de nuestro ejército y de la moderna sociedad española del siglo XXI». Cortes Generales. Sesión plenaria núm. 249 (Sesión extraordinaria), jueves 14 de julio de 2011, cit. págs. 19-26. Intervención de la señora Díez González.

—En el primero (artículos 8 al 11) se recogen los derechos más directamente conectados con la dignidad de la persona individualmente considerada [45].

Respecto a la libertad personal, los militares han tenido tradicionalmente un régimen específico para su detención y arresto, que actualmente está detallado en la Ley Orgánica 2/1989, procesal militar [46]. La idea general es procurar que la detención de un militar en activo se haga a través de la Autoridad militar, siempre que esté al alcance de sus jefes y que la medida no sufra retraso con perjuicio grave. Otra peculiaridad es que —en las Fuerzas Armadas españolas— se pueden imponer sanciones disciplinarias que impliquen privación o restricción de libertad [47].

En el artículo 8 de la nueva Ley Orgánica 9/2011, el ejercicio de la libertad personal conserva la redacción del derogado artículo 172 de las Reales Ordenanzas de 1978, por lo que se mantiene el criterio de que los militares «sólo podrán ser privados de su libertad en los casos previstos por las leyes y en la forma en que éstas dispongan».

En el Anteproyecto de ley no se mencionaba la libertad religiosa y se incorporó al texto siguiendo la recomendación del —ya citado— Dictamen del Consejo de Estado.

El Tribunal Constitucional (STC 24/1982 de 13 mayo) consideraba que la prestación —por el Estado— de la asistencia religiosa a los militares católicos, hace efectivo el derecho al culto de los individuos, que son libres para aceptar o rechazar la prestación que se les ofrece. Y que esto no lesiona el derecho a la

[45] Los trata siguiendo el orden de la Constitución de 1978, pero permuta el puesto entre la libertad religiosa (art. 16CE), que aquí está en segundo lugar y la libertad personal (art. 17CE), que encabeza el Título I.

[46] Ley Orgánica 2/1989, de 13 de abril, Procesal Militar. Título II. Del sumario. Capítulo VIII. De las medidas cautelares sobre personas. *Sección 2.ª De la detención.* Artículo 200 y ss.

[47] España ratificó el Convenio Europeo de Derechos Humanos (1950), haciendo reserva de aplicación de los artículos 5 y 6 CEDH en la medida en que fueran incompatibles con las disposiciones que, en relación con el régimen disciplinario de las Fuerzas Armadas, se contenían en el entonces vigente Código de Justicia Militar. Esta reserva permitió que, sin vulnerar el CEDH, en las Fuerzas Armadas españolas se puedan imponer sanciones disciplinarias que impliquen privación o restricción de libertad.Véase Instrumento de ratificación de 26 de septiembre de 1979 (BOE de 10 de octubre).

igualdad, puesto que no se excluye la asistencia a los miembros de otras confesiones [48].

En la Ley Orgánica 9/2011 se reconoce este derecho y —para su protección y respeto— se remite a la Ley Orgánica 7/1980 de 5 julio, de libertad religiosa (art. 9).

En la práctica, tanto el derecho a la intimidad, como la inviolabilidad del domicilio, pueden resultar afectados por la circunstancia de que ese domicilio esté ubicado en el interior de recintos militares.

En la Ley Orgánica 9/2011, se le reconoce al militar el derecho a la intimidad personal (art.10), para cuyo ejercicio «se tendrán en cuenta las circunstancias en que tengan lugar las operaciones».

También se reconoce el «derecho al secreto de las comunicaciones y a la inviolabilidad del domicilio, incluido el ubicado dentro de unidades», conforme a su regulación constitucional y legal.

Y se impone el deber de «respetar la dignidad personal y en el trabajo», especialmente frente al acoso.

Especificando que, cuando se efectúen revistas e inspecciones, se deberá respetar «en todo caso» estos derechos. Para esto —como norma general— los registros, requerirán «del consentimiento del afectado o resolución judicial», aunque también se dan normas para los casos de urgencia o necesidad [49]. Finalmente, se manda a los poderes públicos que actúen con «plena efectividad» en la protección de datos personales, especialmente cuando —por las circunstancias— puedan afectar a la seguridad de los militares [50].

La clave para las limitaciones a la libertad de circulación y residencia, hay que buscarla en el concepto «necesidades del servicio».

Por esto, en la Ley Orgánica 9/2011 (art.11) se reconoce al militar la libertad de desplazamiento por territorio nacional, «sin

[48] Véase también STC 177/1996 de 11 de noviembre.

[49] El artículo 174 ROFAS (1978) precisaba que cualquier tipo de registro «deberá ser ordenado por la autoridad judicial o militar con atribuciones para ello».

[50] Este artículo 10 resultó enmendado introduciendo, como elemento modulador, las circunstancias en que tengan lugar las operaciones; la norma general de requerir el consentimiento del afectado o resolución judicial, para los registros del personal y sus efectos; y un mandato a los poderes públicos para la plena efectividad de la protección de los datos relativos a los militares.

perjuicio de las limitaciones derivadas de las exigencias del deber de disponibilidad permanente», que se detalla en el artículo 22 (disponibilidad, horarios, permisos y licencias).

Este mismo criterio de libertad se aplicará a las salidas al extranjero, pero «en función de la situación internacional y en operaciones militares en el exterior, será preceptiva una autorización previa».

Respecto al lugar de residencia y domicilio (art. 23), se mantiene el criterio del municipio donde se ubique su Unidad de destino, aunque podrá ser uno distinto «siempre que se asegure el adecuado cumplimiento de sus obligaciones». Porque el militar debe estar siempre localizable.

—En el segundo bloque (artículos 12 al 15) se recogen los llamados derechos políticos o libertades públicas, conectados con la persona como ciudadano [51].

Las Constituciones históricas españolas no han limitado la libertad de expresión del militar. En esta línea, el artículo 20 CE no menciona límites para su ejercicio por los militares, pero las restricciones comenzaron ya en la *Transición.*

El Real Decreto-Ley 10/1977, de 8 de febrero, les prohibía «expresar públicamente, en cualquier forma opiniones de contenido político o sindical» y el Real Decreto 706/1977, de 1 de abril, que desarrollaba el anterior, extendía la prohibición a «todas las actividades de la vida militar, cualesquiera que sea el lugar, momento y circunstancias en que se lleven a efecto».

Para ejercer la libertad de expresión, el artículo 178 ROFAS (1978) fijaba la necesidad de autorización previa en dos supuestos; uno objetivo, cuando los datos utilizados solo se habían podido conocer por razón del destino o cargo ocupado; y otro —más difícil de concretar— cuando se tratara de cuestiones que «pudieran perjudicar» la seguridad nacional. Esta regulación reducía el campo delimitado por el artículo 20 CE, que recoge el ejercicio de la libertad de expresión sin censura previa.

La Ley Orgánica 9/2011 (art.12), reconoce el derecho del militar «a la libertad de expresión y a comunicar y recibir libre-

[51] El Título I los trata siguiendo el orden de la Constitución de 1978, que no hace mención expresa respecto a su ejercicio por los militares, y —sin embargo- están restringidos o modulados en las leyes orgánicas de desarrollo, que remiten a la legislación específica.

mente información [...], sin otros límites que los derivados de la salvaguarda de la seguridad y defensa nacional, el deber de reserva [52] y [añade] el respeto a la dignidad de las personas y de las instituciones y poderes públicos».

Ahora se ha suprimido la autorización previa, pero —en cambio— se ha pormenorizado en los supuestos de limitación. Así, sobre la base del deber de neutralidad política y sindical, «el militar no podrá pronunciarse públicamente ni efectuar propaganda a favor o en contra de los partidos políticos, asociaciones políticas, sindicatos, candidatos a elecciones para cargos públicos, referendos, consultas políticas o programas u opciones políticas» [53]. Además —para los asuntos del servicio—, el ejercicio de la libertad de expresión estará sujeto «a los límites derivados de la disciplina».

En los debates parlamentarios sobre este artículo 12, se dijo que la libre expresión se trataba «de recortar y limitar al máximo» [54], que en la redacción del proyecto su ejercicio resultaba limitado «de manera absoluta y no relativa» (Grupo Mixto) [55] y que —en la práctica— quedaba «casi suprimida» (GIU) [56].

[52] Artículo 21 LODFAS. Deber de reserva. «1. El militar está sujeto a la legislación general sobre secretos oficiales y materias clasificadas...».

[53] En el art.182 ROFAS (de 1978) sólo se prohibía «expresar públicamente opiniones» sobre cualquier organización política o sindical.

[54] «No es positivo el ánimo de tratar de recortar y limitar al máximo aquellos derechos reconocidos por la Constitución, como la libre expresión, [...], o la asociación,...». Cortes Generales. Sesión plenaria núm. 202, jueves 16 de diciembre de 2010, cit. pág. 11 (Señora Díez González).

[55] «Hay un grupo de enmiendas —127, 128 y 129—, al artículo 11.3 [art. 12 en el texto final], en las que se pretende una mejor regulación de esos derechos porque, a nuestro juicio, la redacción actual limita derechos de manera absoluta y no relativa». Cortes Generales. Comisiones. Sesión núm. 34, martes 12 de abril de 2011, cit. pág. 3 (Señora Díez González).

[56] Cortes Generales. Sesión plenaria núm. 202, jueves 16 de diciembre de 2010, cit. pág. 13 (Señor Llamazares Trigo). Se decía que la libertad de expresión «nos ha preocupado especialmente», porque está especialmente vinculado a la condición de ciudadano, «y aquí teníamos el riesgo de que el deber de disciplina inundara todo este derecho a la libertad de expresión». Cortes Generales. Comisiones. Sesión núm. 34, martes 12 de abril de 2011, cit. pág. 9 (Señora Rodríguez-Salmones Cabeza). La redacción final se centró en la modificación del párrafo 3.º, para vincular el ejercicio de esta libertad, en asuntos del servicio, con la sujeción a los límites derivados de la disciplina.

Desde la primera regulación del derecho de reunión, ya se prohibió «la participación de los militares en reuniones o manifestaciones de objeto político, cualquiera que fuera este» [57].

El Real Decreto-Ley 10/1977, les prohibía «asistir a reuniones públicas de carácter político o sindical organizadas o promovidas por partidos, grupos o asociaciones de igual carácter» [58].

La Ley Orgánica (9/1983) del Derecho de Reunión excluyó de su ámbito a las celebradas en unidades, buques y recintos militares, que se regirán por su legislación específica (art. 2, e); a la que también remite para el caso de que los militares asistan de uniforme o haciendo uso de su condición (art. 4.4).

Esta remisión se concretaba en los artículos 180 y 182 ROFAS (1978), que reconocían la libertad de reunión para fines lícitos, conforme a las disposiciones vigentes, pero distinguían dos casos para delimitar su ejercicio. Por razón del lugar (art.180), cuando la reunión se celebrara en recinto militar, sería preceptiva la autorización expresa del jefe de la unidad, buque o dependencia. Conviene observar que según el artículo 21 CE, el ejercicio del derecho de reunión no necesitará autorización previa. En cambio, la legislación militar introducía la necesidad de autorización expresa del jefe de la unidad. Por el carácter de la reunión (art.182), al militar se le prohibía la asistencia a reuniones de las organizaciones políticas y sindicales [59].

[57] Siendo Cánovas Ministro de Gobernación, el 22 de junio de 1864 se publicó una ley que es la primera regulación específica del derecho de reunión, si bien con marcado carácter restrictivo (Gaceta de Madrid núm. . 175, jueves 23 de junio 1864). Tras la Revolución de 1868, siendo Sagasta Ministro de la Gobernación del Gobierno Provisional, firmó el Decreto de 1 de noviembre de 1868 reconociendo «el derecho de reunión pacífica para objetos no reprobados por las leyes», con limitaciones como la necesidad de notificar a la autoridad local con al menos veinticuatro horas de antelación y la prohibición de concurrir con armas (Gaceta de Madrid núm. 307, lunes 2 de noviembre 1868). Pero a los pocos días de este Decreto, el general Prim publicó una Circular prohibiendo la participación de los militares en reuniones o manifestaciones de objeto político, cualquiera que fuera este (Gaceta de Madrid núm. 311, viernes 6 de noviembre 1868. Ministerio de la Guerra).

[58] El Real Decreto 706/1977, preveía la exención de responsabilidad de los militares que resultaran sorprendidos en una reunión o manifestación permitida cuando esta cambiara inesperadamente de naturaleza, siempre que fueren ajenos a la provocación de este hecho.

[59] Esta distinción se reflejó en las leyes penal y disciplinaria, que —respectivamente— sancionan «las reuniones clandestinas para ocuparse de asun-

En cuanto a las manifestaciones, el artículo 180 ROFAS determinaba que «en ningún caso podrán tomar parte en manifestaciones de tipo político, sindical o reivindicativo».

La Ley Orgánica 9/2011 actualiza la regulación anterior.

En su artículo13 dispone que el militar puede ejercer el derecho de reunión, conforme a su Ley Orgánica reguladora (9/1983), con la limitación general de que «no podrá organizar ni participar activamente en reuniones o manifestaciones de carácter político o sindical».

En particular, «vistiendo el uniforme o haciendo uso de su condición militar, no podrá organizar, participar ni asistir en lugares de tránsito público a manifestaciones o a reuniones de carácter político, sindical o reivindicativo». De lo que se deduce que sin vestir el uniforme y sin hacer uso de su condición, sí podrá asistir.

En razón del lugar, «las reuniones que se celebren en las unidades deberán estar previa y expresamente autorizadas por su jefe, que las podrá denegar motivadamente ponderando la salvaguarda de la disciplina y las necesidades del servicio». Se añade ahora que la autorización, además de expresa ha de ser previa a la reunión [60].

La Constitución excluye del ejercicio del derecho de sufragio pasivo a los militares profesionales en activo (art.70.1 CE).

Según la Ley Orgánica 9/2011 (art.15), para ejercitar el sufragio pasivo, los militares deberán solicitar el pase a la situación administrativa prevista, a estos efectos, en la Ley de la carrera militar (39/2007).

Esta imposición del pase a la «situación administrativa que corresponda», se ha venido articulando como una restricción importante, por las consecuencias respecto a la carrera militar que traía la simple participación en un proceso electoral. Pero su configuración ha ido cambiando favorablemente en la sucesiva legislación

---

tos del servicio» (Sedición militar. Art. 92 CPM) y el «asistir de uniforme o haciendo uso de la condición militar a cualquier reunión pública o manifestación si tienen carácter político o sindical» (art. 8.33 LORDFAS. Faltas graves).

[60] Se modificó con precisiones sobre el derecho de manifestación cuando revista «carácter político, sindical o reivindicativo». En las Cortes llegó a decirse que la redacción de este artículo —en el proyecto de ley— suponía «un auténtico paso atrás» (GIU). Cortes Generales. Sesión plenaria núm. 202, jueves 16 de diciembre de 2010, cit. pág. 13 (Señor Llamazares Trigo).

sobre personal, desde la situación de retirado que imponía el Real Decreto-Ley 10/1977, a la actual de servicios especiales (LCM), pasando por la anterior de excedencia voluntaria (Ley 17/1999 LRPFAS). Se suaviza así aquella especie de *disuasión* legislativa dirigida al militar que se planteara participar en política.

El mismo artículo 15 recoge el derecho de sufragio activo, ejercido conforme al régimen electoral general, y previene que se establezcan «los procedimientos y medios necesarios para facilitar el voto de los militares», en toda circunstancia, por destino o misión fuera del territorio nacional o por guardias y servicios [61].

—El tercer bloque (artículos 16 y 17), recoge el derecho de petición y finaliza con el recurso al Defensor del Pueblo al que podrá dirigirse el militar —individual y directamente— conforme a lo previsto en la Ley Orgánica 3/1981, reguladora esta Institución.

En el ámbito militar, el derecho de petición viene de antiguo y su ejercicio está sometido a ciertas formalidades para proteger la disciplina, que puede resultar lesionada cuando las reclamaciones y quejas se formulan al margen del conducto reglamentario o vía jerárquica; además del efecto intimidatorio que puede ejercer una petición hecha por militares colectivamente. Razones por las que el texto constitucional impone el ejercicio individual y conforme a la legislación específica (art. 29.2 CE).

Las Reales Ordenanzas de 1978 aumentaban las restricciones a su ejercicio, sobre la base de un tratamiento tan detallado como confuso (siete artículos) [62] en el que se mezclaba el derecho de petición con otras figuras distintas o caducadas. El resultado era una regulación poco clara.

La Ley Orgánica 9/2011 (art.16), reitera que este derecho solo podrá ejercerse individualmente y en los supuestos y con las formalidades de su Ley Orgánica reguladora (4/2001). Distingue el objeto del derecho de petición de aquellas «solicitudes, quejas o

[61] Véase Orden de 11 de mayo de 1993 por la que se regula el ejercicio del derecho al voto en los próximos procesos electorales por el personal de las fuerzas armadas, destinados en misiones de paz internacional. (BOE núm. 115 de 14 de mayo de 1993). Véase GÁLVEZ MUÑOZ, Luis A.: «El régimen de votación del personal de las Fuerzas Armadas en el exterior», *Revista Española de Derecho Militar*, núm. 90, julio-diciembre 2007, págs. 17- 54.

[62] Epígrafe «De los recursos y peticiones», artículos 199-205.

sugerencias» que dispongan de un procedimiento específico distinto y —en su artículo 28— establece y regula las vías para que el militar pueda presentar «iniciativas y quejas relativas al régimen de personal y a las condiciones de vida», siguiendo el conducto regular «y haciéndolo de buen modo, verbalmente o por escrito» [63].

3.3.2. *Otros derechos y deberes*

La Ley Orgánica 9/2011, también sistematiza los derechos y deberes de carácter profesional y social, en el Título II (artículos 18 al 32), con carácter de ley ordinaria. Durante el trámite parlamentario, se reestructuró el texto presentado y sufrió algunas modificaciones. En su articulado, se advierte el propósito de convergencia con el régimen de los funcionarios públicos.

Su primer capítulo trata los derechos y deberes de carácter profesional, como el derecho a desarrollar una carrera profesional y a participar en la enseñanza de formación y perfeccionamiento; el derecho al desempeño efectivo de sus cometidos y a ser informado «de los fines, organización y funcionamiento de la unidad».

El deber de reserva (art.21), que obliga a guardar discreción sobre «hechos o datos no clasificados relativos al servicio», conocidos por su cargo o función, que no podrá difundir «por ningún medio ni hacer uso de la información obtenida», ni para beneficio propio o de terceros, ni «en perjuicio del interés público, especialmente de las Fuerzas Armadas».

Con carácter general, se pretende que el régimen de los horarios, permisos y licencias (art. 22) sea el de los funcionarios del Estado. Pero sobre el régimen especial del militar pesa la «disponibilidad permanente para el servicio» y su modulación por «las necesidades del servicio», que prevalecerán sobre las fechas y duración. No obstante, la propia ley da orientaciones sobre la aplicación del criterio de «necesidades del servicio» (justificado, motivado, individualizado y comunicado al afectado).

Se trata también la residencia y domicilio, el uso del uniforme, el sistema retributivo, las incompatibilidades y la prevención de riesgos y protección de la salud.

[63] Artículo 28. Título II. De los derechos y deberes de carácter profesional y social. Capítulo I. De los derechos y deberes de carácter profesional.

El militar puede plantear iniciativas y quejas «relativas al régimen de personal y a las condiciones de vida» (art. 28), conforme a este artículo y su desarrollo reglamentario y manteniendo el conducto regular.

Se reconoce el derecho a recibir asistencia jurídica por el Estado (art.29), en las actuaciones judiciales que se dirijan contra el militar «como consecuencia del legítimo desempeño de sus funciones o cargos». En el Congreso de los diputados se añadió un segundo punto para el caso de que —en un proceso judicial— haya intereses contrapuestos entre los militares y las Administraciones públicas representadas por los Servicios Jurídicos del Estado [64].

En el segundo capítulo se da tratamiento específico y diferenciado al apoyo al personal, configurándose como un sistema integrado de atención a los derechos y necesidades de bienestar social de los militares (pensiones, apoyo a la movilidad, convenios de colaboración en materia de sanidad, educación, servicios sociales y vivienda) [65].

3.3.3. *Régimen de los reservistas*

Tras la desaparición del servicio militar obligatorio, sobre la base del derecho-deber que los españoles tienen de defender a España (art. 30 CE), la LO 5/2005, de la Defensa Nacional, actualizó la posible incorporación de los ciudadanos, como reservistas, a las Fuerzas Armadas. Posteriormente, la ley 39/2007, ha contemplado la figura del reservista y la prestación de su servicio (Título VI, artículos 122 a 140). En esta línea, la LO 9/2011 establece el Régimen de derechos fundamentales y libertades públicas de los reservistas en su Título IV, que consta de un solo artículo (52).

[64] El Grupo Mixto, propuso añadir un nuevo punto para extender el derecho a la asistencia jurídica al ámbito disciplinario, como en otros cuerpos de funcionarios. Boletín Oficial de las Cortes Generales. 24 de febrero de 2011. Núm. 82-20. ENMIENDAS, cit. pág. 53 Enmienda núm. 133 Firmante: Rosa María Díez González (Grupo Parlamentario Mixto)

[65] Es interesante el artículo 32.3: «3. Se ofrecerán a los miembros de las Fuerzas Armadas programas de incorporación a otros ámbitos laborales acordes con su empleo, titulaciones, años de servicio e intereses profesionales. Dichos programas se implantarán por el Ministerio de Defensa en colaboración con las distintas Administraciones Públicas y con el sector privado y se desarrollarán durante la vida activa del militar».

Los reservistas necesitan tratamiento diferenciado porque sólo tendrán condición militar cuando se encuentren activados e incorporados a las Fuerzas Armadas, en cuyo caso les será de aplicación el régimen de derechos previsto en los artículos 3 al 17 (Título Preliminar y Título I) con ciertas particularidades:

Podrán mantener su afiliación a organizaciones políticas o sindicales, pero quedará suspendida mientras se encuentren incorporados a las Fuerzas Armadas.

Respetarán la neutralidad política y sindical (art.7) aunque, «fuera de su unidad y sin hacer uso de su condición de militar, podrán realizar actividades políticas y sindicales derivadas de su previa adscripción a partido o sindicato siempre que no estén relacionadas con las Fuerzas Armadas».

Podrán constituir asociaciones de reservistas, pero sin que el ejercicio de este derecho conculque el deber de neutralidad [66].

Los reservistas no podrán pertenecer a las asociaciones profesionales reguladas por esta LO 9/2011, en el Título III, capítulo I.

3.3.4. *Especial consideración del derecho de asociación*

El derecho de asociación es un aspecto central de la LO 9/2011.

Basta considerar que le dedica al menos veinte artículos (los trece del Título III capítulo 1.° y los seis del capítulo 2.° del Consejo de Personal) y dos disposiciones —además de menciones puntuales en otros—, por lo que —sobre un total de cincuenta y seis artículos y diecinueve disposiciones— un tercio del texto esta dedicado a este derecho.

Históricamente se ha visto con recelo el ejercicio del derecho de asociación por los militares. La situación inmediatamente anterior a la LO 9/2011, con una regulación apoyada en la Ley 85/1978 ROFAS —cuya constitucionalidad se había puesto en entredicho—, alimentaba la conflictividad por la falta de claridad en la delimitación legal del asociacionismo militar, como

[66] La ley de la carrera militar ya se refería a estas asociaciones. LCM. Artículo 124: «Las Administraciones Públicas apoyarán a las asociaciones de reservistas que ayuden a mantener relaciones entre sus propios miembros y de la sociedad con sus Fuerzas Armadas, así como con las de carácter similar de otros países, con el objetivo de difundir la cultura de seguridad y defensa en el marco de la solidaridad y del mantenimiento de la paz».

vía para buscar la satisfacción de pretensiones por un cauce distinto de la «vela del Estado» por sus intereses que expresaba el art.181 ROFAS (1978).

Tanto el Real Decreto-Ley 10/1977, como las posteriores Reales Ordenanzas de 1978, prohibieron a los militares profesionales la «participación, colaboración o afiliación» a ninguna clase de organización política o sindical, permitiendo en cambio la pertenencia a otras asociaciones de carácter religioso, cultural, deportivo o social.

La Ley Orgánica 1/2002 (LODA), reguladora del derecho, remitía a las normas específicas, que estaban en los artículos 181 y 182 ROFAS (1978).

El artículo 181 prohibía la participación «en sindicatos y asociaciones con finalidad reivindicativa», entendiéndose que la prohibición de sindicarse era absoluta mientras que la de asociarse estaba en función de la finalidad «reivindicativa» [67].

El artículo 182 insistía en el deber de neutralidad, y prohibía estar «afiliado o colaborar en ningún tipo de organización política o sindical».

En el preámbulo de la LO 9/2011, se dice que —entre otras referencias— se había considerado la jurisprudencia del Tribunal Constitucional y, en este sentido, fue determinante la STC 219/2001 de 31 octubre, referida al asociacionismo militar [68].

Decía el Alto Tribunal que el derecho de asociación que regula el art. 22 CE «se refiere a un género —la asociación— dentro

[67] Acerca del [ambiguo] término «reivindicativo», el Tribunal Constitucional precisó que «la facultad del legislador de restringir el ejercicio del derecho de asociación en atención a otros bienes con relevancia constitucional está sometida, a su vez, a ciertos límites constitucionales,[...], en primer lugar, la limitación ha de ser cierta y previsible, pues en otro caso la Ley perdería su función de garantía del propio derecho fundamental que restringe y sometería el ejercicio del derecho a la voluntad de quien ha de aplicar la Ley» (STC 219/2001, FJ 7).

[68] El recurso de amparo fue promovido por la Hermandad de personal militar en situación ajena al servicio activo, que incluía entre sus fines «realizar las gestiones precisas para conseguir para sus miembros cuantos beneficios sean posibles, tanto en el aspecto económico como en el moral o social», frente a dos sentencias del Tribunal Supremo y de la Audiencia Nacional que desestimaron su demanda contra el Ministerio del Interior por la denegación de inscripción de una modificación de sus Estatutos, en el Registro de Asociaciones.

del cual caben modalidades específicas», como los sindicatos, los partidos políticos y las asociaciones empresariales. Pero no se puede afirmar que una asociación, por el hecho de perseguir la satisfacción de intereses económicos, sociales o profesionales de sus asociados, se convierta en un sindicato o pueda ser equiparado al mismo [a los efectos del art. 28.1CE], ya que esto supone una indebida restricción del derecho de asociación, por aplicación de un criterio contrario al principio de interpretación de la legalidad en el sentido más favorable a la efectividad de los derechos fundamentales y también supone una indebida extensión del concepto de sindicato, al desconocer otros rasgos que lo caracterizan, entre los que figura la acción sindical plasmada en el ejercicio del derecho de huelga (art. 28.2 CE), la negociación colectiva (art. 37.1 CE) o la adopción de medidas de conflicto colectivo (art. 37.2 CE).

El Tribunal Constitucional otorgó el amparo a la asociación [Hermandad] centrándose en la denegación de inscripción en el Registro por parte de la Administración; sin pronunciarse sobre la cuestión central de la presunta inconstitucionalidad del art. 181.1 ROFAS, que fue motivo de un voto particular especialmente esclarecedor, en el que su autor (el Magistrado don Julio Diego González Campos) discrepaba de la Sentencia por no haberse incluido un pronunciamiento acordando elevar al Pleno cuestión de inconstitucionalidad sobre el citado artículo y párrafo.

En la Ley Orgánica 9/2011 «se establecen las especialidades del derecho de asociación con fines profesionales». En su artículo 14, declara el derecho de los militares «a crear asociaciones y asociarse libremente para fines lícitos». Establece como límite que estas asociaciones «no podrán llevar a cabo actividades políticas ni sindicales, ni vincularse con partidos políticos o sindicatos».

Desaparece así la mención a las «asociaciones con finalidad reivindicativa», se mantiene el deber de neutralidad política y sindical y se mejora la anterior formulación de la Ley 85/1978 (ROFAS).

El derecho de asociación fue muy debatido. Se dijo que era uno de los que se trataba «de recortar y limitar al máximo» (Grupo Mixto) [69]. Se subrayó que lo sustancial, «el elemento nuclear

[69] Cortes Generales. Sesión plenaria núm. 202, jueves 16 de diciembre de 2010, cit. pág. 11 (Señora Díez González).

de esta ley, [es] la instrumentación del derecho de asociación», como «una especie de derecho transversal», cuyo ejercicio es una herramienta para seguir haciendo camino en la reivindicación de los derechos y de los deberes (GPV) [70].

En la redacción final del artículo 14, se matizó que el militar tiene derecho a crear asociaciones (y no solo a asociarse libremente).

El Título III (artículos 33 al 45) se dedica al ejercicio del derecho de asociación profesional y la mayoría de sus artículos sufrieron modificaciones.

En su capítulo I (artículos 33 al 45) se regula el régimen jurídico de las asociaciones profesionales de militares «que tengan por finalidad la promoción y defensa de los intereses profesionales, económicos y sociales de sus asociados».

Cuando trata de la finalidad, ámbito y duración de las asociaciones, insiste en el deber de neutralidad, prohibiendo toda referencia política o ideológica en su denominación y estatutos, así como cualquier vinculación con partidos y sindicatos. Las asociaciones serán de ámbito nacional, sin ánimo de lucro, por tiempo indefinido y su domicilio social no podrá estar en Unidades ni en dependencias del Ministerio de Defensa.

Pueden afiliarse los militares, en cualquier situación, que no tengan su condición militar en suspenso y permanecer en ellas los que pasen a retiro, con limitaciones y si lo permiten sus estatutos. Sólo se podrá estar afiliado a una asociación profesional.

En cuanto a su régimen económico, en ningún caso podrán recibir donaciones privadas, pero sí subvenciones públicas y también financiarse mediante las cuotas de sus afiliados y otros recursos, según sus estatutos.

Deberán inscribirse en el Registro habilitado a este efecto en el Ministerio de Defensa. La inscripción solo podrá denegarse, mediante resolución motivada, cuando el acta fundacional o los estatutos no se ajusten a esta LO 9/2011 y la LODA 1/2002.

Se detalla el contenido mínimo de los estatutos (art.37); la responsabilidad y los derechos de las asociaciones (art.40); su régimen de suspensión y disolución (art.39); el modo de ejercer el derecho, sin interferir en las actividades de las Fuerzas Armadas

[70] Cortes Generales. Sesión plenaria núm. 249 (Sesión extraordinaria), jueves 14 de julio de 2011, cit. págs. 21-22 (Señor Beloki Guerra).

(art.41); la designación de representantes (art.43); los medios materiales a proporcionar por el Ministerio, también con referencia a la neutralidad, al prohibir que las asociaciones utilicen «locales pertenecientes o cedidos a organizaciones políticas o sindicales» (art. 44); la convocatoria y celebración de reuniones en locales que —en su caso— podrán estar ubicados en instalaciones del Ministerio de Defensa—, pero nunca en «unidades de la fuerza o del apoyo a la fuerza de los Ejércitos» (art. 45).

En las actuaciones excluidas (art. 42) está presente el deber de neutralidad, prohibiendo el llamamiento a la huelga y sus acciones sustitutivas, la negociación colectiva y la adopción de medidas de conflicto colectivo, así como las acciones que excedan del ejercicio de los derechos reconocidos en esta ley, especialmente la libertad de expresión y de información y el derecho de reunión y manifestación. Indica también que las asociaciones profesionales «no podrán realizar actividades paramilitares ni ejercicios de formación e instrucción de ese carácter».

De la lectura del texto de la ley en su conjunto y —en particular— del régimen de derechos de las asociaciones (art. 40), se deduce que considera varias clases de asociaciones de militares:

—Asociaciones profesionales de militares que «tengan como finalidad la promoción y defensa de los intereses profesionales, económicos y sociales de sus asociados», que se regirán por lo dispuesto en el Título III (LO 9/2011), en las que hay que diferenciar dos modelos respecto a su régimen de derechos:

Básico. Las asociaciones profesionales inscritas en el Registro, que tendrán derecho a realizar propuestas, emitir informes y dirigir solicitudes y sugerencias; asesorar y prestar apoyo y asistencia a sus asociados, así como representarlos legítimamente ante las Administraciones Públicas; recibir información del Ministerio de Defensa sobre régimen de personal, protección social y sobre cualquier otro asunto que favorezca la consecución de sus fines estatutarios.

Mejorado. Las asociaciones que —además de estar inscritas en el Registro— cuenten con el porcentaje mínimo de afiliados, en relación al total de efectivos de las Fuerzas Armadas, que se establece en el art. 48.2, podrán estar representadas en el Consejo de Personal de las FAS; contribuir por medio de informes o consultas en la elaboración de proyectos normativos que afecten al régimen de personal; presentar propuestas o realizar informes en relación con los asuntos que sean competencia del Consejo; disponer de locales y medios adecuados, para uso común, en las Delegaciones y Subdelegaciones de Defensa (art. 44.2).

—Asociaciones de militares que persigan cualquier fin lícito distinto de los de las asociaciones profesionales, que se regirán por el régimen común de la LODA (de tipo religioso, cultural, deportivo o social).

—Las asociaciones de reservistas (art.52.5), constituidas conforme a la LODA y respetando —en su ejercicio— el deber de neutralidad política y sindical.

—Otras asociaciones. Según la Disposición adicional primera, los militares retirados tienen tres opciones:

Pertenecer a las asociaciones profesionales, en una clase especial de asociado, que no participe en sus órganos de gobierno ni en su representación. Tampoco podrán intervenir, como miembros de estas asociaciones, en actividades de carácter político y sindical.

Pertenecer a otras asociaciones que tengan entre sus finalidades la defensa de los intereses económicos y sociales de los militares retirados.

Pertenecer a asociaciones de militares retirados y discapacitados.

3.3.5. *El Consejo de Personal y el Observatorio*

Otra de las novedades relevantes de la LO 9/2011 es la creación del Consejo de Personal de las Fuerzas Armadas y el Observatorio de la vida militar.

El Capítulo II (artículos 46 al 51) del mismo Título III, que tiene carácter de ley ordinaria, está dedicado al Consejo de Personal de las Fuerzas Armadas y ha resultado el más enmendado en el trámite parlamentario.

El Consejo de Personal es el cauce de participación de las asociaciones profesionales y de relación con el Ministerio de Defensa, para «plantear propuestas o sugerencias en materias relacionadas con su estatuto y condición de militar, el ejercicio de los derechos y libertades, el régimen de personal y las condiciones de vida y trabajo en las unidades» (art. 46.1).

Se excluyen del ámbito de actuación del Consejo las materias de política de seguridad y defensa, los ejercicios u operaciones militares y el empleo de la Fuerza (art. 46).

Lo presidirá el Ministro de Defensa. Estará constituido, en igual número por ambas partes, por los representantes de las asociaciones profesionales que cumplan los requisitos y por los representantes del Ministerio designados al efecto, entre los que figurarán los Jefes de Personal de los Ejércitos (art. 48) [71].

El Grupo Mixto planteó una enmienda [139], también «nuclear» a todos los puntos de este artículo 48. Sobre la composición del Consejo —en particular— proponía un modelo alternativo en el que los vocales en representación de los miembros de las Fuerzas Armadas fueran «elegidos por los integrantes de las mismas mediante sufragio personal, libre, directo y secreto», en lugar designados por las asociaciones que cumplan los requisitos exigidos [72].

En síntesis, el Consejo realiza las siguientes funciones (art.49). Recibir, analizar y valorar las propuestas o sugerencias planteadas por las asociaciones profesionales, estén o no representadas en el Consejo. Tener conocimiento y ser oído sobre determinadas cuestiones [73]. Informar, con carácter preceptivo y previo a su aprobación,

[71] Para acceder al Consejo, las asociaciones deberán contar, con un mínimo de afiliados, según las categorías que contemplen sus estatutos. Del 1%, si sus estatutos están abiertos a todas las categorías, del 3% si la asociación es exclusivamente de oficiales o de suboficiales y del 1,5% en el caso de las asociaciones de militares de tropa y marinería. En el supuesto de que incluyan afiliados de dos categorías, deberán cumplir esos porcentajes en cada una de ellas. Los porcentajes habrán de referirse a los datos hechos públicos por el Ministerio de Defensa al finalizar cada año natural (Véase art. 48.2 LO 9 /2011).

[72] Boletín Oficial de las Cortes Generales. 24 de febrero de 2011. Enmiendas, cit. pág. 56. Enmienda núm. 139. Firmante: Rosa María Díez González (Grupo Mixto).

Según el diputado Sr. Llamazares: «en nuestra opinión, no cabe otra alternativa que un proceso electoral [...]Las asociaciones profesionales deben ser democráticas y plurales, de tal forma que deba arrumbarse toda posibilidad de intervención en su vida interna y toda posibilidad de replicar estructuras castrenses en la regulación y funcionamiento interno de las mismas». Cortes Generales. Sesión plenaria núm. 202, jueves 16 de diciembre de 2010, cit. pág. 13.

[73] «1.ª Establecimiento o modificación del estatuto profesional y del régimen disciplinario de las Fuerzas Armadas. 2.ª Determinación de las condiciones de trabajo. 3.ª Régimen retributivo. 4.ª Planes de formación y perfeccionamiento de la enseñanza en las Fuerzas Armadas. 5.ª Régimen de permisos, vacaciones y licencias. 6.ª Planes de previsión social complementaria. 7.ª Asuntos que afecten a otros aspectos sociales, profesionales y económicos de los militares» (art. 41.1, b).

las disposiciones legales y sus desarrollos reglamentarios que se dicten sobre las cuestiones de su competencia. Recibir información trimestral sobre política de personal. Conocer las estadísticas trimestrales sobre el índice de absentismo y sus causas, los accidentes en acto de servicio y enfermedades profesionales y sus consecuencias y sobre los índices de siniestralidad, así como los estudios periódicos o específicos que se realicen sobre condiciones de trabajo. Las demás que le atribuyan las leyes y disposiciones generales [74].

En el artículo 50 se ponen las bases para el régimen de trabajo del Consejo, que podrá reunirse en pleno o por comisiones, en sesiones ordinarias —al menos, una vez cada tres meses— y extraordinarias, cuando sea convocado por su Presidente. El resumen de los debates —en pleno y comisiones— quedará reflejado en actas que, una vez aprobadas por el Consejo, serán remitidas al Observatorio de la vida militar.

Finalmente, en el artículo 51 se recogen los derechos de los representantes de las asociaciones miembros del Consejo, para asegurarles el ejercicio de sus cometidos y su no discriminación profesional, por razón de esta representación.

En el Título V, también con carácter de ley ordinaria, se regula el Observatorio de la vida militar. A través de sus cuatro artículos (53 al 56) se determina el objeto y naturaleza de este órgano, sus funciones, composición y funcionamiento.

Según el primero, el Observatorio de la vida militar es «un órgano colegiado, de carácter asesor y consultivo, adscrito a las Cortes Generales, para el análisis permanente de la condición de militar y de la forma con que el Estado vela por los intereses de los miembros de las Fuerzas Armadas». Este artículo 53 fue enmendado para subrayar la adscripción del Observatorio a las Cortes Generales e imponer al Ministerio de Defensa que proporcione la sede, medios y apoyos necesarios.

Al Observatorio de la vida militar le corresponden las siguientes funciones (art. 54). Efectuar análisis y propuestas de actuación

[74] El Grupo Mixto presentó una enmienda de modificación [138] a todos los puntos de este artículo 46, justificada en razones de mejora técnica. Pese a las muchas modificaciones, «*mantiene una redacción que no compartimos*», que es contradictoria con el artículo 47 y excesivamente reglamentaria. Cortes Generales. Comisiones. Sesión núm. 34, martes 12 de abril de 2011, cit. pág. 3 (Señora Díez González).

sobre el ejercicio de los derechos fundamentales y libertades públicas por los militares. Elaborar informes y estudios (de oficio o a petición) sobre el régimen de personal y las condiciones de vida; proponer medidas que ayuden a conciliar la vida profesional, personal y familiar; promover la adaptación del régimen del personal militar a los cambios sociales y en la función pública; analizar los problemas que se producen en el entorno familiar como consecuencia de su disponibilidad, movilidad geográfica y específico ejercicio profesional; evaluar la aportación adicional de recursos humanos mediante las diferentes modalidades de reservistas; velar por la aplicación a los militares retirados de la normativa que ampara sus derechos pasivos y asistenciales, y su mejora.

El Observatorio recibirá los informes y actas del Consejo de Personal, con las propuestas o sugerencias planteadas por las asociaciones profesionales y los acuerdos alcanzados. Recibirá la información anual sobre el contenido de las iniciativas y propuestas —presentadas conforme al art. 28.2— y el resultado de su estudio.

Podrá recabar información sobre la definición de la política de personal militar y de su gestión en el ámbito del Ministerio de Defensa y realizar visitas a unidades militares para cumplir sus funciones, en especial en lo relativo al régimen de personal y las condiciones de vida.

El Observatorio elaborará una memoria anual que recogerá sus actividades, el estado de la condición de militar y las recomendaciones para su mejora, que será presentada ante las Comisiones de Defensa del Congreso y del Senado [75].

El Observatorio se compone de nueve miembros (cinco por el Congreso y cuatro por el Senado), que serán personas de reconocido prestigio en el ámbito de la defensa o en el de recursos

[75] El artículo 54, fue enmendado para incluir entre sus funciones la de elaborar, de oficio o a petición de parte, informes y estudios sobre el régimen de personal y las condiciones de vida en las FAS; también para que pueda promover la adaptación del régimen del personal militar a los cambios que se operen en la sociedad y en la función pública (en vez de *velar*, como decía el proyecto); también añadió el velar por la aplicación a los militares retirados de la normativa que ampara sus derechos pasivos y asistenciales y, en su caso, efectuar propuestas de mejora sobre ésta. Por otra parte, la Disposición final 11.ª (Evaluación por el Observatorio de la vida militar), impone al Observatorio la tarea de efectuar análisis y evaluaciones específicos sobre diversas materias.

humanos o en el de derechos fundamentales y libertades públicas. Elegidos por mayoría absoluta, con el apoyo de al menos tres Grupos Parlamentarios en cada Cámara y por un periodo de cinco años. La pertenencia al Observatorio no será retribuida y es incompatible con cargos electos de representación política[76].

En el artículo 56, último de la ley orgánica, se hacen precisiones sobre el funcionamiento del Observatorio, que se reunirá al menos dos veces al año en sesión ordinaria y tantas veces como sea convocado en sesión extraordinaria. El régimen de funcionamiento, el estatuto de sus miembros y la composición y funciones del órgano de trabajo se determinarán reglamentariamente.

4. Consideraciones finales

El Título I regula el ejercicio de los derechos fundamentales y libertades públicas «que requieren tratamiento específico». Pero —quizás— debería haberse tratado el ejercicio de todos los derechos fundamentales y libertades públicas, con la extensión, profundidad o detalle que correspondiera a cada uno.

De la misma manera que se declara el derecho a la libertad religiosa (art. 9) y —para su protección y respeto— se remite a su ley orgánica de desarrollo, podría haberse hecho con otros. Y no se trata —que también— de una cuestión formal o de técnica legislativa, sino de una cuestión material, de contenidos, porque en el ámbito militar hay más derechos fundamentales y libertades públicas que pueden requerir «tratamiento específico» y que no están en esta ley. Por ejemplo, no se menciona el derecho a la vida, aunque que la Constitución hace una referencia explícita (art.15 CE) al declarar «abolida la pena de muerte, salvo lo que puedan disponer las leyes penales militares para tiempos de guerra»[77]. Solo

[76] Este artículo 55, fue enmendado para añadir cuatro miembros elegidos por el Senado a los cinco (antes siete) elegidos por el Congreso, ampliando su captación al ámbito de los derechos fundamentales y libertades públicas; añadiendo que su nombramiento se hará por mayoría absoluta con el apoyo de, al menos, tres Grupos Parlamentarios en cada Cámara y por un periodo de cinco años.

[77] La Ley Orgánica 11/1995 de 27 noviembre, en su artículo 1 dispone la abolición de la pena de muerte establecida para tiempos de guerra. España se ha adherido a la línea internacional predominante en esta materia, así ratificó el Protocolo núm. 6 (1983) del CEDH sobre la abolición de la pena de muerte

se menciona la protección de la integridad física, en materia de riesgos laborales (art.27). Tampoco se menciona el derecho al honor, que es uno de los derechos clásicos de la personalidad y que es importante en el ámbito militar [78].

Recordemos que también hay derechos y libertades cuyo ejercicio puede resultar afectado para el militar, aunque no esté limitado por previsión constitucional alguna, como el derecho a la tutela judicial efectiva (art. 24 CE), que junto con el derecho a la igualdad (art. 14 CE), son los que motivan más recursos de amparo ante el Tribunal Constitucional y generan más jurisprudencia.

4.1. **Perspectivas**

El texto de la Ley Orgánica 9/2011 termina con diecinueve disposiciones, que reordenan y amplían las quince del proyecto de ley.

Por citar algunas de las variaciones más significativas, la Disposición adicional primera (militares retirados), encarga al Ministerio de Defensa que habilite los cauces para que las asociaciones, que tengan entre sus finalidades la defensa de los intereses económicos y sociales de los retirados, puedan presentar sus propuestas y tener acceso a información de su interés. Y para que las asociaciones de militares retirados y discapacitados más representativas sean convocadas a las reuniones del pleno del Consejo de Personal, al menos, una vez al año para tratar asuntos de interés para sus asociados.

La Disposición final octava (adaptación del régimen disciplinario). El proyecto imponía al Gobierno remitir al Congreso de los Diputados —en el plazo de un año— un Proyecto de Ley de

---

en tiempo de paz y posteriormente se ha firmado el Protocolo núm. 13 (2002) del CEDH sobre la abolición de la pena de muerte en cualquier circunstancia. Pero conviene recordar que esta eliminación es solo legal y no será absoluta mientras siga existiendo la previsión contenida en el artículo 15 CE.

[78] Sin embargo, el artículo 52.8 (Régimen de derechos fundamentales y libertades públicas de los reservistas), contempla que «la comisión de un acto contrario al prestigio de las Fuerzas Armadas dará lugar al inicio de un expediente para su verificación que podrá concluir con la baja del reservista, de acuerdo con lo que se determine reglamentariamente».

reforma de la Ley Orgánica 8/1998 de Régimen Disciplinario FAS. Ahora se añade que este nuevo régimen disciplinario incluirá una regulación específica para las unidades y personal destacados en zonas de operaciones, según el artículo 16 LODN. También se añade que el Gobierno también deberá remitir al Congreso un Proyecto de Ley para la actualización de la Ley Orgánica 13/1985 del Código Penal Militar y para realizar las necesarias adaptaciones de las leyes procesales militares.

La Disposición final duodécima (reforma del régimen transitorio de la LCM), da un plazo de seis meses para que el Gobierno remita al Congreso de los Diputados un proyecto de ley para la reforma del régimen transitorio de la Ley de la carrera militar, tras la experiencia adquirida en su aplicación, para lo que la Comisión de Defensa del Congreso emitirá un dictamen previo.

De manera que, aunque la Ley Orgánica 9/2011, pretende completar el régimen del personal militar, esto no significa que el proceso de actualización en esta materia haya terminado, más bien ocurre que el *revisionismo* recibe un nuevo impulso en dos direcciones: para actualizar la legislación existente que resulta afectada por la propia LO 9/2011 y para desarrollar las innovaciones que esta presenta.

En resumen, la LO 9/2011 ha generado —o debe generar—, las siguientes actuaciones:

> Una ley orgánica de adaptación del régimen de derechos y deberes de los guardias civiles, que ya se ha promulgado (Ley Orgánica 11/2011, de 1 agosto, para la aplicación a la Guardia Civil del artículo 13.1 LO 9/2011) [79].

[79] Queda derogado el apartado 1 del artículo 8 de la Ley Orgánica 11/2007, de 22 de octubre, reguladora de los derechos y deberes de los miembros de la Guardia Civil. (Derecho de reunión y manifestación. «1. Los Guardias Civiles no podrán organizar manifestaciones o reuniones de carácter político o sindical»). Que es sustituido por el artículo 13.1 de la LO 9/2011: «Derecho de reunión y manifestación. 1. El militar podrá ejercer el derecho de reunión, de acuerdo con lo previsto en la Ley Orgánica 9/1983, de 15 de julio, reguladora del Derecho de Reunión pero no podrá organizar ni participar activamente en reuniones o manifestaciones de carácter político o sindical. Vistiendo el uniforme o haciendo uso de su condición militar, no podrá organizar, participar ni asistir en lugares de tránsito público a manifestaciones o a reuniones de carácter político, sindical o reivindicativo».

Proyectos de ley para la adaptación del régimen disciplinario en las vigentes leyes disciplinaria (9/1989), penal (13/1985) y procesal militar.
Proyecto de ley para la reforma del régimen transitorio de la Ley 39/2007 de la carrera militar, tras la experiencia adquirida en su aplicación.
Modificaciones puntuales de las leyes orgánicas reguladoras de los derechos de reunión, libertad sindical, petición y asociación.
Modificaciones puntuales de la Ley 8/2006 de Tropa y Marinería; y la Ley 26/1999 de medidas de apoyo a la movilidad geográfica de los militares.
Posibles modificaciones en las Reales Ordenanzas 2009, por las novedades introducidas en las reglas de comportamiento del militar (art.6).
Regulación del Registro de Asociaciones Profesionales de militares, que ya se ha hecho por Orden DEF/3217/2011, de 18 de noviembre.
Regulación del régimen del Consejo de Personal, ya hecho por Real Decreto 910/2012, de 8 de junio, por el que se aprueba el Reglamento del Consejo de Personal de las Fuerzas Armadas [80], y su constitución.
Regulación del Observatorio de la vida militar.
Regulación reglamentaria del sistema para plantear iniciativas y quejas sobre el régimen de personal y las condiciones de vida (art.28).
Normas específicas del Ministerio de Defensa para la asistencia jurídica de los militares.
Adaptaciones que podrá hacer el Gobierno en el sistema retributivo de los militares respecto al régimen de los funcionarios civiles.
Otros ajustes —por orden del Ministerio de Defensa— como los relacionados con los permisos, vacaciones y licencias; el lugar de residencia del militar; y las normas generales de uniformidad y sus limitaciones de uso.

[80] Boletín Oficial del Estado, núm. 139 de 11 de junio de 2012.

En definitiva, se cierra un ciclo, pero se abre otro.

Se ha delimitado el campo, se han establecido las reglas, se han organizado los controles y garantías, ahora queda observar cómo se desarrolla la aplicación de la Ley Orgánica 9/2011, para ver qué aspectos habrá que reformar, suprimir o incorporar en el futuro.

BIBLIOGRAFÍA Y FUENTES

AGUADO, Emiliano (1986): *Don Manuel Azaña Díaz*, Ed. SARPE, Madrid.

ARGÜELLES, Agustín (1989): *Discurso preliminar a la Constitución de 1812* (Introducción de Luís Sánchez Agesta), Centro de Estudios Constitucionales, Madrid.

GÁLVEZ MUÑOZ, Luis A.: «El régimen de votación del personal de las Fuerzas Armadas en el exterior», *Revista Española de Derecho Militar núm. 90*, julio-diciembre 2007.

GÁRATE CÓRDOBA, José María (1985): «Rumbo y solera de las Ordenanzas Militares», en *Ciclos: Histórico militar y el Cádiz de la Ilustración (XX curso. Año 1982)*, Aula Militar de Cultura, Gobierno Militar, Cádiz.

SALAS LARRAZÁBAL, Ramón (1986): «Las Reales Ordenanzas», en Hernández Sánchez-Barba, Mario y Alonso Baquer, Miguel (directores), *Las Fuerzas Armadas Españolas. Historia institucional y social*, Volumen 8, Ed. Alhambra S.A, Madrid.

SANCHEZ-TERÁN, Salvador (2008): *La Transición. Síntesis y claves*, Planeta S.A., Barcelona.

PUELL DE LA VILLA, Fernando: *La transición militar*, Documento de Trabajo número 6 (Fundación Transición Española, Madrid, 2012).

STC 177/1996 de 11 de noviembre.

STC 219/2001 de 31 de octubre.

Gaceta de Madrid núm. 114 de 24/abril/1906; núm. 175 de 23/junio/1864; núm. 307 de 2/noviembre/ 1868; núm. 311 de 6/noviembre/1868; núm. 312 de 07/11/1868.

CORTES. Diario de Sesiones del Congreso de los Diputados. Núm. 146. Presidencia del Excmo. Sr. D. Fernando Alvarez de Miranda y Torres. Sesión Plenaria núm. 61, celebrada el miércoles, 20 de diciembre de 1978, págs. 5863-5884.

CORTES GENERALES. Diario de sesiones del Congreso de los Diputados. Pleno y Diputación Permanente. Año 2010 IX Legislatura, núm. 213. Sesión plenaria núm. 202 celebrada el jueves 16 de diciembre de 2010.

Boletín Oficial de las Cortes generales. Congreso de los Diputados. IX Legislatura. Serie A: Proyectos de Ley. 24 de febrero de 2011. Núm. 82-20. Enmiendas. 121/000082. Proyecto de Ley Orgánica de derechos y deberes de los miembros de las Fuerzas Armadas.

CORTES GENERALES. Diario de sesiones del Congreso de los Diputados. Comisiones. Año 2011 IX Legislatura, núm. 753. Defensa PRESIDENCIA del Excmo. Sr. D. Cipriá Císcar Casabán. Sesión núm. 34, celebrada el martes 12 de abril de 2011.

CORTES GENERALES. Diario de sesiones del Congreso de los Diputados. Pleno y Diputación Permanente. Año 2011. IX Legislatura, núm. 242. Sesión plenaria núm. 230, celebrada el jueves 5 de mayo de 2011.

Cortes Generales. Diario de sesiones del Congreso de los Diputados. Pleno y Diputación Permanente. Año 2011. IX Legislatura, núm. 262. Sesión plenaria núm. 249 (Sesión extraordinaria) celebrada el jueves 14 de julio de 2011.

Boletín Oficial de las Cortes Generales. Congreso de los Diputados. IX Legislatura. Serie A: Proyectos de Ley. 22 de julio de 2011. Núm. 82-27.

http://www.ame1.org/

http://www.as-fas.es/documentos/Varios/

http://www.boe.es/legislacion/consejo_estado

http://www.congreso.es/portal/

http://www.defensa.gob.es/

http://forejercito.forumup.es/post-98497-forejercito.html

CAPÍTULO 2

DERECHO MILITAR Y JURISDICCIÓN

Capítulo 2.1.
LA JURISDICCIÓN MILITAR

Antonio Gutiérrez de la Peña
General Consejero Togado
Presidente del Tribunal Militar Central

I. Bosquejo histórico del Derecho penal militar español desde la antigüedad a nuestros días

Podemos distinguir a los solos efectos de sistematización tres grandes etapas, de la antigüedad al Medievo, la Edad Moderna y el período de la Codificación. En los pueblos antiguos y Edad Media, en sentido estricto, no podemos referirnos a de la existencia de normas penales militares toda vez que no se manifiestan de forma expresa, sino que se engloban o aparecen contenidas en otros cuerpos legales pluridisciplinares, al no existir ejércitos permanentes su preocupación fundamental se dirige a regular la obligatoriedad de acudir a los llamamientos a las armas y establecer duros castigos para los supuestos en que quebrante su cumplimiento; en la segunda etapa con la aparición del Estado Moderno y sobre todo a partir de la instauración borbónica, las normas penales militares son incluidas en cuerpos separados que además normas de conducta, regulan del arte de la guerra, la administración de los Ejércitos, son las *Ordenanzas militares* fruto de la aparición y proliferación de los ejércitos permanentes bajo la dependencia directa del monarca; y en el período de la Codificación surgieron los primeros cuerpos legales, Código de Justicia Militar, sistematizados y comprensivos del Derecho Penal y Procesal militar, creados para un ejército de ciudadanos, que cumplen con un deber y un derecho.

1. La Antigüedad y la Edad Media

1.1. *La España primitiva*

De los pueblos prerromanos, no existen más que noticias dispersas, escasas, incompletas y de diferentes épocas, el origen del Derecho se encontraba vinculado a la divinidad o a la persona del jefe guiado por ésta, como el rey *Habis* entre los *Tartessos*, se trataba de un derecho consuetudinario y disperso, disponiendo como ocurría entre los pueblos celtas cada «gentilitas» de sus propias normas. Por algunos autores se ha sostenido la existencia de una agrupación militar muy rudimentaria, como jefes que están investidos de un poder absoluto.

1.2. *La España romana*

Fue, sin embargo, en Roma donde floreció el Derecho Penal Militar fruto, del reconocido espíritu jurídico del que gozaba el pueblo romano, quién normativizó la conducta de sus ejércitos debido a su amplio potencial bélico, a la extensión del territorio ocupado y al continuo estado de guerra en que se encontraba, existiendo grandes distancias entre el poder de Roma y sus legiones. Se configuró el Derecho Militar Romano en torno a la idea de la disciplina como medio necesario para el mantenimiento del orden en el seno de los ejércitos debido a ese distanciamiento con Roma.

El Ejército romano no admitía en el seno de sus legiones a los indígenas del país romanizado llamados *peregrini*, que aun perteneciendo política y militarmente al Impero y formar parte integrante del Estado Romano, carecían de derechos, por lo que la aplicación de las normas penales militares a los pueblos hispanos fueron dirigidas más a los civiles que a los militares.

Autores como FERNÁNDEZ SEGADO, DE QUEROL, o CASADO BURBANO, entre otros, distinguen en el Derecho Romano dos tipos de delitos, los cometidos únicamente por militares, que son los cometidos por un militar contra las exigencias de la disciplina, y de los delitos comunes que podían cometer el resto de habitantes sometidos al *imperium domi* y no al *militae*, así como los delitos comunes cometidos por militares.

El cuerpo legal donde con mayor sistematización y profusión se recogieron las citadas normas fue en el *Digesto* y las *Novelas* justinianeas, que dedicó su Título XVI del Libro XLIL a establecer los delitos y las penas militares bajo la rúbrica «de los militares». Entre los llamados delitos estrictamente militares: destaca la *deserción*, con una graduación en la imposición de la pena en función de su gravedad. También se castigaba la cobardía del que sale de descubierto cuando ataca el enemigo o se va de la trinchera, siendo penado con la muerte; al que abandonaba el servicio, con la pena de degradación al quién abandonare la guardia; al que no se presentare a tiempo al terminar su permiso, a quién se pasaba al enemigo y luego volvía, se le castigaba muy duramente, quién perdía o entregaba sus armas de guerra.

1.3. *El derecho visigótico*

Existieron durante este período escasas manifestaciones del Derecho Penal Militar desde el año 414 hasta la publicación de la «Lex Visigothorun», rigiendo hasta entonces, un derecho muy diverso debido fundamentalmente a la absorción del elemento godo por el hispano-romano.

El Derecho visigótico disperso, no llegó a reunir las costumbres y tradiciones de la raza germánica hasta los años 466 a 484 en el *Código de Eurico*, considerado por la doctrina como el primer texto visigodo.

Mayor importancia tuvo el «Liber iudiciorum» o «Lex visigothorum», promulgada por Recesvinto en el año 654.

1.4. *La España musulmana*

De éste largo período de nuestra historia, que duró desde el siglo VIII al XV, apenas existen trabajos o autores que traten el Derecho Penal Militar aplicable en la Península durante la invasión musulmana.

El Derecho que se aplicó entre los musulmanes peninsulares era, el Corán en cuanto que fue primordial del Derecho fruto de la revelación divina. La obediencia era absoluta al Emir, autoridad militar y religiosa, y se hacía acreedor a *justo castigo* todo aquél que contraviniera sus órdenes.

1.5. *Los fueros municipales*

Durante la Reconquista, comenzó un dilatado período de dispersión normativa que tuvo su reflejo en la proliferación de multitud de *fueros,* estos es de ordenamientos locales de carácter diverso; casi la totalidad de estos fueros municipales contenían normas de Derecho Penal Militar. Esta justifica militar fue tan simple y dura como la táctica y logística que se aplicaba por los ejércitos de la época. Los monarcas medievales se encontraban con frecuencia en situaciones comprometidas para hacer respetar su autoridad al carecer de un Ejército propio con el que repeler o contener las agresiones ya fueran estas internas o externas.

No obstante subsistió como ley general el *Liber ludiciorum.*

Si bien, como hemos indicado, la casi totalidad de los *fueros* contenían normas militares, fue en los fueros llamados de *frontera* o de *Extremadura,* donde se pueden encontrar la mayor parte de los preceptos debido a su continua situación de guerra contra los musulmanes, estableciéndose en ellos tanto las obligaciones como los castigos y penas, aunque la normativa principal hizo referencia a las penas impuestas a quienes no acudían a la batalla y a los desertores.

1.6. *La integración normativa*

Es a partir del siglo XIII cuando en todos los Reinos hispánicos se inició por los monarcas una labor de integración normativa, intentando acabar con la dispersión de fueros existentes. Así van apareciendo movidos por esta causa diversos cuerpos de leyes que dedican su atención a dictar normas de contenido militar, si bien en su mayor parte relacionadas igualmente con problemas de orden táctico y logístico de la guerra. Aunque la normativa más importante de este período está constituida por las *Siete Partidas* de Alfonso X el Sabio.

En primer lugar es de reseñar que el *Liber ludiciorum* continuó en vigor en Castilla, como ya hemos señalado, bajo el nombre de *Fuero Juzgo,* dedicando el también libro IX a dictar disposiciones militares.

De mayor importancia fue el *Fuero Real,* de inspiración germánica y que transcribía preceptos del *Fuero Juzgo,* fue mandado iniciar por el Rey Fernando III y lo continuó su hijo Alfonso X. Dedicó su Libro IV, Títulos IV y XIX a disposiciones de carácter militar.

Como ya hemos señalado, el cuerpo legal de mayor importancia de este período lo constituyen las *Siete Partidas de Alfonso X el Sabio,* atribuidas a dicho rey aunque no las redactó.

Encontramos abundantes normas de derecho penal militar sustantivo en la Partida II, que dedicó diversos títulos y leyes a regular el orden marcial, y en la Partida VII en la que se contienen diversos delitos militares.

2. La ordenación de los ejércitos permanentes en la Edad Moderna

El tránsito que se produjo de la Edad Media a la Edad Moderna en nuestro país fue unido al paso del régimen feudal a la monarquía absoluta que se realizó a lo largo del siglo XV. Los monarcas, para el mantenimiento del orden interno y externo, precisaban de la creación de ejércitos permanentes que estuvieran bajo su directa dependencia y con el sometimiento a una rígida para evitar revueltas; ello unido a las profundas transformaciones que se produjeron en los órdenes social, político, económico y en los campos de la ciencia y de la tecnología, hizo imprescindible la normativización de lo militar, y con especial urgencia de la jurisdicción castrense.

En este período histórico que abarca del siglo XV al XVIII se pueden distinguir dos tipos de regulaciones, las llamadas *Ordenanzas particulares* promulgadas durante los siglos XV y XVI, que eran dictadas por el monarca o por quién ejercía el mando supremo militar en su nombre; y de otro lado, durante el siglo XVIII y con la llegada de la dinastía de la Casa Borbón, aparecen las *Ordenanzas generales y navales* españolas dirigidas a reglamentar todo el Ejército Real.

2.1. *Las ordenanzas particulares*

En éste primer período, fueron los Capitanes Generales que mandaban las huestes, los que dictaron bandos o proclamas a sus tropas en las que se contenían, si bien en muchas ocasiones de manera residual, las normas esenciales para la definición de los deberes, preceptos relativos a la contabilidad y administración, y escasas normas penales, así como el procedimiento sancionador; estas ordenanzas se dictaban para un determinado lugar y Ejército sin pretensión de generalidad.

Con los Reyes Católicos se inició esta etapa al intentar organizar un Ejército Real tras la toma de Granada, labor que fue seguida posteriormente por la Casa de Austria.

2.2. *Las ordenanzas generales*

En primer lugar resulta necesario reconocer a la Casa Borbón el mérito de haber promulgado las primeras ordenanzas militares y navales españolas, de general aplicación a todas las armas y cuerpos de los Ejércitos y en todos los territorios de la Corona en el siglo XVIII; ello motivado por la innegable influencia francesa de los monarcas y por las circunstancias políticas y económicas de la época tras la restauración de los graves quebrantos que en todos los órdenes produjo la Guerra de Sucesión, pudiendo dedicarse a la mejora del Ejército y de la Marina de Guerra y Mercante, que se encontraban muy descuidadas, mal pertrechadas y con una muy baja moral y disciplina.

Fue el primer Rey Borbón, Don Felipe V (Duque de Anjou), quién tras su llegada al trono español para suceder al Rey Carlos II de la Casa de Austria al fallecer sin descendencia, observó que el país carecía prácticamente de Ejército y Armada, procedió a la realización de una profunda reforma de la Hacienda para la creación de un Ejército Nacional.

La primera ordenanza general de este período que dura hasta la Codificación, es la *Real Ordenanza* de 28 de diciembre de 1701, conocida como «*Las Segundas de Flandes*», dadas en Bruxelas por Felipe V, su mayor importancia deriva de la introducción por primera vez en nuestro país de los *Consejos de Guerra* como medio de enjuiciar los delitos militares.

Para la Armada Real, el Rey Felipe V, promulgó con fecha 15 de noviembre de 1737 las «Ordenanzas del Infante Almirante», dedicadas a su hijo el Infante Felipe, Almirante de todas las fuerzas navales, en las que no se contenían normas penales militares, sino de organización.

Al poco tiempo, se promulgaron las «Ordenanzas Navales de 1748», inspiradas en las Ordenanzas francesas.

Las ordenanzas generales de mayor trascendencia son, sin lugar a dudas, las conocidas como «Reales Ordenanzas de Carlos III» que, han permanecido en vigor hasta fechas recientes.

En el Tratado VIII, «Materias de Justicia», Título X, bajo el epígrafe «Crímenes militares y comunes y penas que a ellos corresponden», y a lo largo de 121 artículos reguló diferentes tipos penales en vigor gran parte hasta el Código Penal del Ejército de 1884.

Como última ordenanza general de la Edad Moderna recogeremos las «Ordenanzas de la Armada de 22 de noviembre de 1793», redactadas por el General Jefe de la Escuadra José de Mazarredo.

3. La codificación del Derecho penal militar español

3.1. *Los proyectos de codificación*

En este apartado seguiremos el completo y brillante trabajo del Auditor del Ejército Faustino MUGA LÓPEZ, y daremos un breve repaso a los trabajos y proyectos que culminaron con la promulgación del Código Penal Militar de 1884 para el Ejército, y del Código Penal de la Marina de Guerra de 1888, distinguiendo a efectos meramente sistemáticos los proyectos obra de particulares, de los de carácter oficial.

Entre los proyectos particulares destaca el *Proyecto de Código Penal Militar* del Brigadier Manuel LLORENTE realizado en el año 1850.

El Brigadier Francisco FELIU DE LA PEÑA, elaboró y publicó también en el año 1850, sus Fundamentos de un Nuevo Código Militar.

Para un nuevo ensayo hay que esperar a 1856, fecha en que el Auditor de Guerra Isaac NUÑEZ DE ARENAS, siendo vocal de la Junta Consultiva de Guerra y de la Comisión de Códigos, publicó sus «*Bases y motivos en que se funda la reforma del Tratado de Justicia para la nueva Ordenanza Militar*».

Como primer proyecto oficial se debe de reseñar el Código Penal del Ejército de 1884.

Este Código ha sido considerado como la ley penal castrense técnicamente más perfecta, pero con un predominio excesivo del aspecto científico sobre el práctico militar, su principal logro fue el de realizar por primera vez en el derecho penal marcial la difícil labor de depurar y seleccionar el gran número de normas precedentes, sirviendo de base indispensable para los futuros Códigos. Como consecuencia de críticas tuvo una corta vigencia, sufriendo numerosas modificaciones y siendo reemplazado a los pocos años por el de 1890.

3.2. *El código penal de la marina de guerra de 1888*

Las mismas fuerzas y razones que habían impulsado el proceso codificador en el Ejército, sirvieron a la gestación de un Código Penal para la Marina de Guerra. Tiene su base en el Código Penal del Ejército y en el proyecto de Código Penal prsentado por Francisco Silvela a las Cortes de 1885. La propia Exposición de Motivos, del Real Decreto de 24 de agosto de 1888, de Código Penal para la Marina Militar, establece la «imperiosa necesidad sentida en la Armada de crear un nuevo cuerpo de doctrina, en lo que al derecho penal se refiere, que reformase las antiguas Ordenanzas de 1748».

3.3. *El código de justicia militar de 1890*

A los 6 años de la vigencia del Código Penal del Ejército de 1884, el 27 de septiembre de 2890 se promulgó un nuevo Código para el Ejército bajo la denominación de «Código de Justicia Militar».

El Código nacía con una idea de permanencia, que plasmó en su propia Exposición al manifestar que el mismo contaba «con tal suma de erudición y exacto conocimiento de la materia, que bien puede abrigar la halagüeña esperanza de que la reforma, llevada a término con el valioso concurso de tantos y tan expertos elementos, representa un verdadero y eficaz progreso, no sólo en relación a las disposiciones hasta ahora vigentes en España, sino también comparado con los Códigos de justicia militar que rigen en las demás naciones». Se hallaba estructurado el Código en tres Tratados, con 715 artículos. El Tratado I bajo el epígrafe, «Organización y Atribuciones de los Tribunales Militares».

El Tratado II, que es el que aquí nos interesa, relativo a «las Leyes Penales».

3.4. *El código de justicia militar de 1945*

Tras el conflicto armado, se dictaron abundantes disposiciones tendentes a la ampliación competencial de la jurisdicción y del fuero militar hasta límites desorbitados llegando, sobre todo en los primeros años del Régimen, a producirse una casi total militarización de la sociedad civil, de entre todas estas disposiciones destacaremos tan solo la más significativas.

Este Código castrense, al igual que ya hiciera el d 1890, se dividió en tres Tratados dedicados respectivamente a, Organización y atribuciones de los Tribunales Militares, Leyes penales y Procedimientos militares, amplio Código con 1.072 artículos.

En cuanto a las modificaciones que introdujo, destacan la desmesurada extensión de la competencia de la jurisdicción militar determinada por razón del delito, del lugar y de la persona; que el ejercicio de la jurisdicción militar se atribuyó al mando militar con el asesoramiento de miembros del Cuerpo Jurídico, residiendo en el Consejo Supremo de Justicia Militar, las Autoridades judiciales militares (Capitanes Generales de la Región, los de Departamentos, Almirante de la Jurisdicción Central y General Jefe de la Aérea), y en los Consejos de Guerra de Oficiales Generales y Ordinarios.

Con respecto a la crítica del Código de 1945, conviene destacar en primer lugar, como ya se ha advertido reiteradamente, la desmesurada ampliación de la competencia de la jurisdicción marcial, sometiendo no solo a los militares en activo y retirados por delitos comunes y militares, sino también a civiles por delitos comunes en razón a salvaguardar unos supuestos «intereses de las Fuerzas Armadas». Reguló igualmente materias que le eran totalmente ajenas, unas de carácter administrativo como los expedientes gubernativos, los Tribunales de honor entre compañeros, o las normas para la invalidación de las notas desfavorables; otras eran de naturaleza civil como la prevención de *abintestados*, o las reclamaciones por deudas; y por último, disposiciones reguladoras del régimen disciplinario de los Ejércitos. También resulta criticable el enorme arbitrio de que gozaban los Tribunales en la aplicación e imposición de penas, encontrándose supuestos en los que la pena abarcaba desde los 6 meses y un día de mínima a muerte; estableciendo numerosos delitos castigados con la pena capital como única sanción, a diferencia del Código Penal Común que establecía como alternativa la de reclusión.

3.5. *La normativa posterior y trabajos preparatorios del código penal militar de 1985*

Tras el fallecimiento del General Franco el 20 de noviembre de 1975, se inició el camino hacia la normalización democrática con el restablecimiento de la Monarquía constitucional en la persona del Rey D. Juan Carlos I; camino que necesariamente debía de afectar, con mayor necesidad que el resto de la normativa del Estado, al derecho penal militar.

Con el primer Gobierno democrático y desde un principio se siente la imperiosa necesidad de reformar la legislación castrense, en los llamados *Pactos de la Moncloa*, acordaron que se debía de proceder a la reforma urgente del Código de Justicia Militar a fin de reducir los límites de la competencia de la jurisdicción militar. Siguiendo los puntos propuestos en los Acuerdos de la Moncloa, la Constitución española de 6 de diciembre de 1978, en su artículo 117 plasmó esta necesidad de limitar la jurisdicción militar al «ámbito estrictamente castrense».

El Código Penal Militar se promulgó el 9 de diciembre de 2985 por Ley Orgánica 13/1985, entrando en vigor el 1 de junio de 1986.

II. La jurisdicción militar en la Constitución de 1978

Nuestra vigente «Lex superior» acoge a la jurisdicción castrense, contemplándola dentro del Título VI («Del Poder Judicial»). El art. 117, se hace eco de la institución que nos ocupa en su apartado quinto, inmediatamente después de proclamar el principio de unidad jurisdiccional. A tenor de dicho precepto:

> El principio de unidad jurisdiccional es la base de la organización y funcionamiento de los Tribunales. La ley regulará el ejercicio de la jurisdicción militar en el ámbito estrictamente castrense y en los supuestos de estado de sitio, de acuerdo con los principios de la Constitución.

La Ponencia constitucional abordaba por vez primera el precepto que nos ocupa en su sesión del día 2 de noviembre de 1977.

Con carácter general, la Ponencia tomó como base de la materia referente al Poder Judicial el texto presentado por U.C.D. A partir del mismo, aprobaba como apartado tercero del que entonces figuraba como art. 103, un texto que recogía el principio de unidad jurisdiccional y la excepción relativa a la justicia militar, sin perjuicio de que se reconsiderase en segunda lectura la materia de la competencia de la jurisdicción castrense. El precepto se incorporaría en sus mismos términos al Borrador del Proyecto de Constitución como art. 107.5.

Como fácilmente se desprende de la lectura del precepto, éste, ya desde su mismo origen, guarda una sustancial similitud con el que, a la postre, habría de ser texto definitivo del art. 117.5 de la Constitución. Prácticamente, la única diferencia de interés es la omisión de toda alusión a los supuestos de estado de sitio.

El art. 107.3 del Anteproyecto de Constitución reiteraría la anterior redacción con la sola salvedad de sustituir el término «justicia» por el más adecuado de «jurisdicción». Los votos particulares de que fue objeto el precepto (procedentes de los Grupos Parlamentarios Comunista, de la Minoría Catalana y Socialista del Congreso) se encaminaron a adicionarle un nuevo apartado dirigido a prohibir los tribunales de honor y los de excepción.

A partir de ese momento del «iter» constituyente, las únicas alteraciones que sufriría el precepto en cuestión, serían las relativas a su numeración. Por lo demás, la disposición, en los distintos momentos del debate constituyente contaría con unos apoyos parlamentarios colindantes con la unanimidad.

En resumen, pues, el debate constituyente nos revela una posición convergente por parte de las distintas fuerzas políticas en torno al contenido del que habría de ser art. 117.5 de nuestra Norma suprema, siendo de destacar asimismo, la ausencia de posicionamientos contrarios a la existencia de la jurisdicción castrense y a su constitucionalización.

Deben indicarse dos cuestiones claves:

a) La primera es que la Jurisdicción militar, y por tanto, el proceso penal militar, tienen su origen en la misma génesis de los Ejércitos permanentes, siendo forzosamente especializada, no sólo por la naturaleza del Derecho que aplica, sino también por el ámbito institucional en que se ejerce.
b) La segunda, que la Constitución limita la Jurisdicción militar al ámbito estrictamente castrense y a los supuestos de estado de sitio, aunque en todo caso sujeta a los principios que ella misma establece (art. 117.5, reiterado por el art. 3.2 LOPJ y por el art. 1 LOCOJM).

III. El sistema de enjuiciamiento criminal y el proceso penal militar

Hay que comenzar diciendo que es reconocido, sin excepción en España, que el proceso penal regulado en la Ley de Enjuiciamiento Criminal de 1882, es la última expresión de la evolución legislativa que transformó al proceso penal inquisitivo del Antiguo Régimen, en el proceso penal acusatorio formal o mixto, de origen francés, que influyó en los procesos penales de la Europa continental, por ejemplo en Alemania, de una manera extraordinaria.

Por ello, el proceso penal español posee sus características esenciales o principios, en mayor o menor grado, a saber:

1. En primer lugar, *están separadas las funciones de acusar y de juzgar:* Juzga el órgano jurisdiccional y queda encargado de la acusación si hay motivos para ello un órgano público, el Ministerio Fiscal, y a su lado, si lo desean, el ofendido por el delito, sea español o extranjero (llamado acusador particular), y el español no ofendido (llamado acusador popular).
2. En segundo lugar, rige en toda su extensión el *principio acusatorio,* principio clave de nuestro Ordenamiento Jurídico procesal penal, que significa estas tres cosas: *a)* Que no puede existir juicio sin acusación, debiendo ser formulada ésta por persona ajena al órgano jurisdiccional sentenciador, de manera que si ni el Fiscal, ni ninguna de las otras partes posibles, formulan una acusación contra el imputado, el proceso debe ser sobreseído necesariamente; *b)* Que no puede condenarse por hechos distintos de los acusados ni a persona distinta de la acusada; y *c)* Que no pueden atribuirse al juzgador poderes de dirección material del proceso que cuestionen su imparcialidad.
3. En tercer lugar, la Ley Procesal Penal española conoció originariamente sólo dos *procesos ordinarios.* Uno para enjuiciar los delitos, y otro para conocer de las faltas, ese proceso originario por delitos, hoy reservado para la criminalidad más grave, consta de dos fases, la sumarial y la de juicio oral, de la fase sumarial conoce un Juez, el llamado Juez de Instrucción, lo que asemeja nuestro proceso al francés, o sea, de la fase de juicio oral del proceso penal ordinario por delitos más graves conoce el Tribunal Superior de dicho Juez, la Audiencia Provincial.
4. En cuarto lugar, la *vista* se rige por los *principios de oralidad, publicidad, inmediación y contradicción.* La idea fundamental es que el Tribunal dicte la sentencia con base a las aportaciones que en este acto se realicen, y no en la fase de sumario. Para hacerla efectiva, ha entendido el legislador que el principio que mejor se acomodaba a ella era el de oralidad y los que de él se derivan.

Pues bien, estas características se dan todas ellas en el proceso militar acomodado a la CE:

a) Están separadas las funciones de acusar y de juzgar (arts. 88 y 89 LOCOJM, art. 122 LPM, para el MF, y art. 322 LPM para el órgano jurisdiccional), si bien el MF militar tiene funciones investigadoras más claramente establecidas que el proceso penal común (arts. 124 y 140 LPM), cesando en ellas cuando intervenga la autoridad judicial. En cuanto a los acusadores, la acusación popular no se admite en el proceso penal militar, aunque sí el acusador particular y el actor civil (art. 127 LPM).
b) Rige el principio acusatorio en los términos anteriormente mencionados, configurado a través de las diversas instituciones procesales adecuadas, a saber, objeto del proceso, acusación, sobreseimiento, conformidad, etc.
c) Podríamos decir que la LPM regula cuatro procesos ordinarios: el ordinario por delitos más graves (Libro II, que comprende tres fases: sumario, fase intermedia y juicio oral), el ordinario para conocer de determinados delitos, similar al abreviado de la LECRIM en cuanto a su estructura (Libro III, Título I), el sumarísimo en tiempo de guerra Libro III, Título II, y el proceso por faltas (Libro III, Título IV).
d) La vista de los procesos por delito se rige por los principios de oralidad, publicidad, inmediación y contradicción también (arts. 52 LOCOJM, 274 y 294 a 300 LPM).

IV. LOS PRINCIPIOS CONSTITUCIONALES DEL PROCESO PENAL MILITAR

La Constitución española de 1978 recoge en su normativa importantes derechos y principios, de carácter procesal penal, cuya aplicabilidad directa viene encomendada a todos los Juzgados y Tribunales y, por tanto, también de los militares, quedando el último en manos del Tribunal Constitucional.

Estos derechos o principios procesales penales recogidos directamente en la Constitución son fácilmente enumerables, pero difícilmente clasificables, porque condicionan el proceso desde todas las óptimas posibles.

Hay que afirmar que la Constitución, garantiza y tutela una serie de derechos y principios fundamentales, que, siguiendo la clasificación de la doctrina española sobre los conceptos básicos del Derecho Procesal, pueden ser agrupados del siguiente modo:

1. Determinados principios procesales constitucionales hacen referencia a la *Jurisdicción*, es decir, como se entiende en España, a ese poder dimanante de la soberanía del Estado, ejercido exclusivamente por los Tribunales de Justicia, independientesy predeterminados por la Ley, y que consiste en juzgar irrevocablemente y hacer ejecutar lo juzgado, acogiendo lo pedido por el demandante o por el acusador, o rechazándolo.

Pues bien, la Constitución ha consagrado los siguientes principios relativos a la Jurisdicción:

a) *El principio de su unidad*: Según el artículo 117.5 de la Constitución, «el principio de unidad jurisdiccional es la base de la organización y funcionamiento de los Tribunales...». Esto significa que al ser España un Estado unitario jurídicamente, sólo puede tener una Jurisdicción. Que la Jurisdicción sea única nada tiene que ver con que existan varias clases de Tribunales, pues lo que se reparte es la competencia.

La vigencia de este principio es absoluta, por lo que no hay que hacer ningún comentario respecto a la Jurisdicción militar. El artículo 1 LOCOJM dice por ello correctamente que ésta se integra en el Poder Judicial del Estado.

b) *El principio de la exclusividad de la Jurisdicción:* Se consagra en el artículo 117.3, siendo su significado también claro, puesto que lo que se quiere decir es que sólo el Estado tiene la Jurisdicción, y sólo sus Tribunales y Juzgados son los órganos que la tienen atribuida.

De acuerdo con el artículo 2 LOCOJM, anteriormente recogido en este texto, el principio se aplica en el sentido expresado con relación a la Jurisdicción militar.

c) Principio clave es el de la *independencia judicial*, expresamente reconocido en el artículo 11 de la Constitución. La independencia judicial es uno de los fundamentos decisivos de un Estado de Derecho, de ahí que la propia Carta Magna haya elevado al rango constitucional determinadas garantías que fueran aquella independencia de los Jueces.

La legislación militar ha debido reconocer este principio en el artículo 8, I LOCOJM, desarrollando igualmente las garantías que protegen la independencia judicial. Así:

1.º Todos están obligados a respetar la independencia de los órganos jurisdiccionales militares (art. 6, I LOCOJM).

2.º Frente a la Sociedad se establecen como garantías la regulación de las condiciones necesarias para el ejercicio de la función, además del régimen de incapacidades, incompatibilidades y prohibiciones, que es el mismo que el previsto en la LOPJ para Jueces y Magistrados (arts. 119 a 121 LOCOJM).
3.º Frente al Estado, la LOCOJM reconoce como garantías la inamovilidad, prohibiendo separaciones, suspensiones, traslados o jubilaciones, salvo por las causas y en la forma prevista por la Ley (art. 8, II LOCOJM).
4.º Frente a los demás órganos jurisdiccionales militares, se prohíbe que los superiores jerárquicos puedan corregir la aplicación o interpretación de las leyes hecha por los inferiores, salvo por la vía de recurso, así como dictar instrucciones a este respecto (art. 6, II LOCOJM).
5.º Finalmente, frente a las partes, se prevén la abstención y la recusación (art. 121 LOCOJM y arts. 51 a 67 LPM), garantizándose en particular la imparcialidad en determinadas normas de la LOCOJM.

La perturbación de la independencia judicial es contemplada en los artículos 8 y 117, I LOCOJM.

La otra cara de la moneda es la responsabilidad judicial, prevista con carácter general en el artículo 117.1 CE, y en los artículos 8, I y III LOCOJM, que prevé las tres clases existentes: responsabilidad penal, civil y disciplinaria (ésta regulada en los arts. 122 a 124, y 128 a 142 LOCOJM).

d) El principio del *juez legal*, otra de las piedras angulares de un sistema judicial democrático, viene clarísimamente reconocido en el artículo 24.2 de la Constitución, cuando afirma que «todos tienen derecho al Juez ordinario predeterminado por la Ley», máxima que se halla complementada con la prohibición de los Tribunales de excepción del artículo 117.6, a la que ya hemos hecho referencia. Este principio se entiende en España en un doble sentido, pues sirve tanto para prohibir la composición de un Tribunal especialmente para un caso concreto, como para determinar previamente y con carácter general qué Juez o Tribunal va a ser el competente para conocer de cada asunto.

El artículo 3 LOCOJM dispone expresamente que «todo órgano judicial militar, en el ámbito de su competencia, será Juez ordinario predeterminado por la ley», y su vigencia en el proceso penal militar ha sido reconocida expresamente por TC.

e) El sistema español ha optado casi siempre por el *Juez técnico o de carrera*, es decir, el órgano jurisdiccional profesional.

Los órganos jurisdiccionales militares son tribunales de escabinos, por lo que este principio jurisdiccional tiene una excepción importante en el ámbito castrense.

La Sala V del TS se compone de miembros de la carrera judicial y miembros de los cuerpos jurídicos de los Ejércitos (art. 24 LOCOJM); el Tribunal Militar Central, de miembros de los cuerpos jurídicos de los Ejércitos y mandos militares (art. 36 LOCOJM), al igual que los Tribunales Militares Territoriales (art. 46 LOCOJM), y los Juzgados Togados Militares Centrales y los Juzgados Togados Militares, de miembros de los cuerpos jurídicos de los Ejércitos (arts. 54. 58 y 62 LOCOJM).

El Escabinato se justifica en la organización judicial militar como una de las aplicaciones más importantes del principio clásico «el que manda debe juzgar», es decir, que no es posible que alguien sin conocimientos profesionales específicos, que no sepa perfectamente el cometido del mando militar, además de no estar capacitado para actuar ejemplarmente y con rapidez, puede juzgar los delitos militares.

La Constitución de 1978 contiene igualmente importantes principios que hacen referencia al derecho de acudir a los órganos jurisdiccionales, al derecho al proceso, es decir, al *derecho de acción* aplicado en el proceso penal.

a) El fundamental es, sin duda, el *derecho al libre acceso a los Tribunales de Justicia*. Según el artículo 24.1 de la Constitución española, «todas las personas tienen derecho a obtener la tutela efectiva de los jueces y tribunales en el ejercicio de sus derechos e intereses legítimos...»; ello alcanza incluso a las personas con medios económicos limitados, pues tienen garantizado constitucionalmente el derecho al beneficio de justicia gratuita en el artículo 119 CE.

Este derecho rige igualmente en el proceso penal militar, en el que además de las obligaciones específicas al respecto del Fiscal Jurídico Militar (arts. 88 LOCOJM y 123 LPM), se prevén la acusación particular y el actor civil, con alguna excepción (arts. 108 a 110 LOCOJM, y art. 127 LPM), pero no la acusación popular como se dijo, y e deber concreto para los mandos militares de denunciar los delitos de que tengan conocimiento formando el correspondiente atestado (arts. 115 y 115 LOCOJ, y 130-1.° LPM).

En cuanto al beneficio de justicia gratuita, hay que decir que el proceso penal militar es gratuito (arts. 10 LOCOJM y LPM), escribiéndose las actuaciones en papel oficio en caso de carecer de medios económicos para abonar sus honorarios (arts. 103 LOCOJM y 125 LPM).

b) *Garantías*. Prohíbe nuestra norma suprema las dilaciones indebidas del proceso (art. 24.2), puesto que la tardanza en otorgar Justicia significa, evidentemente, una denegación de la misma, una cortapisa o, incluso, negación del derecho de acción.

El deseo de rapidez se contempla expresamente en el Preámbulo de la LPM, desarrollándose en normas como los artículos 132, 149 ó 387 de la misma, que tienden a garantizarlo.

3. Por último, la Constitución contiene también referencias explícitas y fundamentales al tercer concepto básico del que hablábamos antes, al *proceso*.

a) El proceso está sometido al *principio de igualdad,* que está consagrado con carácter general en el artículo 14. Implica una estricta relación entre las partes y los derechos, deberes y cargas procesales, pues en su virtud esos derechos, deberes y cargas deben gozarlas y sufrirlas igualitariamente las partes procesales, es decir, sin privilegios de una sobre otra.

b) No está mencionado expresamente en el texto constitucional el *principio de contradicción,* a diferencia de lo que ocurre con otros textos constitucionales extranjeros, pero su existencia puede apoyarse perfectamente en sus artículos 24.1 y 24.2 (en concreto, en la prohibición de la indefensión, derecho a la defensa y a un proceso con todas las garantías).

El principio de contradicción rige en el proceso penal militar, debiendo ser oídas todas las partes en todos los actos procesales fundamentales de los que deben ser notificados (arts. 108 a 117, y 147 LPM), particularmente los inculpatorios (art. 125, III y 162 LPM), los acusatorios (art. 313 LPM) y los probatorios (arts. 310 a 312 LPM), no pudiendo pasarse a juicio oral si el inculpado se encuentra en rebeldía (art. 409 LPM).

El derecho de defensa se regula con detalle en la legislación procesal penal militar, de modo similar a como se hace en la LECRIM: Tras reconocerse el derecho a todo inculpado a ser defendido técnicamente (Preámbulo LPM, pár. I, y art. 102

LOCOJM), ya desde el inicio del proceso o práctica de cualquier acto de imputación (arts. 103 LOCOJM y 125 LPM), se procede a la designación de oficio del Abogado si no lo efectúa voluntariamente (arts. 103 LOCOJM y 125 LPM), pudiendo defenderse a sí mismo el inculpado que sea Licenciado en Derecho (art. 104 LOCOJM). Es muy interesante la disposición del artículo 105 LOCOJM, de orígenes claros en la lucha antiterrorista, que prohíbe al inculpado rechazar a su Abogado de oficio más de dos veces. Como manifestación genuina del derecho de autodefensa, se regula el derecho del acusado a la última palabra en el artículo 318 LPM.

El estatuto jurídico del defensor se especifica en el artículo 107 LOCOJM y en los artículos 6 y 126 LPM, previéndose su responsabilidad en los artículos 149 a 154 LOCOJM.

c) Sí se reconoce, en cambio, el importante *principio de observancia de las garantías procesales debidas*, que significa, la más importante concreción constitucional en nuestro país del más amplio principio del *due process of law (principio general del Derecho Procesal tomado de la Jurisprudencia de los Estados Unidos de América).*

d) Un principio procesal clave, no formulado con anterioridad pero sí aplicado por nuestros Tribunales bajo la expresión *in dubio pro reo*, es el de la *presunción de inocencia*, consagrado en el artículo 24.2 de la Constitución vigente, de contenido fundamentalmente penal.

Su reconocimiento en el proceso penal militar no entraña dificultad alguna, siendo reconocido en el artículo 86 LPM (la absolución es libro en todos los casos) y en el artículo 322 LPM (apreciación en conciencia de las pruebas a la hora de sentenciar).

e) Relativo al procedimiento o actividad externa del proceso, consagra la Constitución española de 1978 el *principio de oralidad*, refiriéndose expresamente a él en el artículo 120.2: «El procedimiento será predominantemente oral sobre todo en materia criminal». Este es un principio ideal al que se aspira, pues lo cierto es que la mayor parte de las actuaciones que conforman nuestro proceso penal son escritas. Sólo es oral la denominada *vista*, que es una subfase de la *fase de juicio oral* o plenario.

La misma afirmación puede hacerse en el proceso penal militar, ya que únicamente la subfase de la vista dentro de la fase de juicio oral es realmente oral (arts. 293 y ss., 939 y ss. LPM). Como principios derivados hay que destacar la vigencia del principio de concentración (arts. 296 y 396 LPM) y del de inmediación (arts. 310 y 322 LPM).

f) La Constitución consagra otro principio básico del procedimiento, el de *publicidad*, tanto en su artículo 24.2 (derecho al proceso público) como en sus artículos 120.1 (publicidad de las actuaciones judiciales) y 120.3 (pronunciamiento de las sentencias en audiencia pública).

La vigencia del principio de publicidad, consecuencia del de oralidad, es clara en el proceso penal militar también (art. 274 LPM), siendo posible declarar secretas las actuaciones para las partes 8arts. 73 y 147, II LPM), y pudiéndose excluir la publicidad para terceros por alguno de los motivos previstos en el artículo 295 LPM.

g) Finalmente, hay que tener en cuenta el *principio de prohibición de la duplicidad de sanciones*, no se puede volver a enjuiciar un hecho punible, si ya se está juzgando en esos momentos, o si ya ha sido juzgado, en virtud de la llamada litispendencia, en el primer caso, y de la cosa juzgada en el segundo (art. 666-2.ª de la Ley de Enjuiciamiento Criminal).

El principio de la prohibición de duplicidad de sanciones tiene particular relevancia en el ámbito castrense, ante la posibilidad de duplicación de sentencias con la jurisdicción penal común. Tras la declaración general del artículo 3 LPM («No se procederá penalmente contra persona alguna pro hechos por los que ya hubiera sido juzgada en un proceso penal anterior, en el que haya recaído sentencia firme o auto, también firme, de sobreseimiento libre»), se consagra como presupuesto procesal la existencia de cosa juzgada (art. 286-2.º LPM).

V. La organización de la jurisdicción militar

Es la Ley Orgánica 9/1980, de 6 de noviembre, de reforma del Código de Justicia Militar y del Código Penal, la primera norma que encara la modificación de algunos aspectos puntuales de la organización de la Justicia militar. Recordaremos sumariamente los siguientes:

1. Una cierta tecnificación de los órganos jurisdiccionales castrenses, de la que podían considerarse manifestaciones significativas:

—La sustitución del Juez instructor por el Juez togado militar de instrucción. Y

—La formalización de la institución del Ministerio Fiscal jurídico-militar.

2. El establecimiento de un recurso de casación ante la Sala de lo Penal del Tribunal Supremo, contra las sentencias dictadas en primera instancia por el Consejo Supremo de Justicia Militar.

3. El fortalecimiento de las garantías procesales y de defensa.

La Ley Orgánica 4/1987, de 15 de julio, de la competencia y organización de la jurisdicción militar, que derogaba los artículos 8 al 14 de la Ley Orgánica 9/1980, iba a vertebrar la jurisdicción castrense sobre la base de un conjunto de principios orgánicos, al margen ya de los propiamente competencias, en verdad novedosos respecto del modelo organizativo existente hasta ese momento.

1. *El principio de exclusión de la función jurisdiccional de los órganos militares de mando, circunscribiéndose aquélla a los órganos judiciales militares*

De conformidad con el art. 2.° de la Ley Orgánica 4/1987:

«el ejercicio de la potestad jurisdiccional militar, juzgando y haciendo ejecutar lo juzgado, en los asuntos de competencia, corresponde exclusivamente a los órganos judiciales militares establecidos por esta Ley», órganos que enumera el Título segundo de la ley: la Sala de lo Militar del Tribunal Supremo, el Tribunal Militar Central, los Tribunales Militares Territoriales y los Juzgados Togados Militares. Quedan de esta forma excluidos los órganos militares de mando, a los que el Código de Justicia Militar de 1945 les otorgaba importantes funciones jurisdiccionales.

Esta innovación es especialmente significativa, pues implica, de un lado, la opción por un criterio de tecnificación jurídica frente a los criterios tradicionales, que en España hacían de la jurisdicción castrense una manifestación más del mando, y de otro, contribuye decisivamente a garantizar el principio fundamental de independencia de la justicia.

2. *La consagración en el ámbito de la jurisdicción castrense del principio constitucional de independencia de los jueces y magistrados.*

Ya en el Preámbulo de la Ley se alude de modo específico a este principio, principio que es formalmente proclamado por el párrafo primero del art. 6.° de la Ley, de conformidad con el cual: «Todos están obligados a respetar la independencia de los órganos que ejercen la jurisdicción militar». Esa proclamación «ad extra» de la independencia se complementa con el reconocimiento de ese principio «ad intra». En efecto, el párrafo segundo del propio artículo determina que:

> Los órganos de la propia jurisdicción no podrán corregir la aplicación o interpretación del ordenamiento jurídico hecha por órganos judiciales inferiores, sino en virtud de la resolución de los recursos que las leyes establezcan, ni dictarles instrucciones a este respecto.

La Ley prevé un mecanismo con el que hacer frente a posibles perturbaciones en la independencia de los Jueces militares. En estos supuestos, la persona que considere que su independencia está siendo perturbada, lo pondrá en conocimiento del Consejo General del Poder Judicial a través de la Sala de Gobierno del Tribunal Militar Central, dando cuenta de los hechos al Juez o Tribunal competente para seguir el procedimiento actuado.

3. *El principio de tecnificación jurídica de los órganos judiciales militares.*

Muchas son las facetas que nos presenta este principio. Nos referimos las dos siguientes:

a) La desaparición de los Consejos de Guerra, compuestos habitualmente por profesionales de las armas con destinos de mando, así como también del propio Consejo Supremo de Justicia Militar, órgano en un primer momento dependiente del Ministerio del Ejército, y tras la reforma de 1980, integrado orgánicamente en el Ministerio de Defensa.
b) La opción por unos órganos integrados fundamentalmente por técnicos en Derecho a los que se añadirán profesionales de las Armas, siempre en menor número, con lo que se opta por una composición mixta en la que priva el elemento técnico-jurídico.

4. *La consagración del principio de unidad jurisdiccional.*

La Ley orgánica 4/1987 crea en el seno del Tribunal Supremo, como primer órgano judicial militar, una Sala Quinta de lo Militar. En el Preámbulo de la Ley se afirma que la creación de esta Sala, sujeta en su régimen y en el estatuto de sus miembros a las mismas normas que las de las demás Salas, supone la unidad en el vértice de las dos jurisdicciones que integran el Poder Judicial.

Con la nueva Sala Quinta, la justicia castrense culmina en el Tribunal Supremo, esto es, en el órgano jurisdiccional superior en todos los órdenes, lo que casa a la perfección con el principio de unidad jurisdiccional y con la integración de la jurisdicción militar en el Poder Judicial del Estado.

5. *La acomodación del procedimiento a los preceptos constitucionales.*

VI. La competencia de la jurisdicción castrense

La Disposición Derogatoria de la Ley Orgánica 13/1985, de 9 de diciembre, de Código penal Militar. A tenor de la misma:

> Queda derogado el Tratado II, «Leyes Penales», del Código de Justicia Militar, de 17 de julio de 1945, en cuanto se refiere a las mismas, así como cuantas disposiciones se opongan a lo establecido en esta Ley Orgánica, especialmente aquellas referidas a la aplicación por la Jurisdicción Militar de criterios distintos del de competencia por razón del delito.

La Disposición Derogatoria deja, pues, definitivamente perfilada una drástica reducción de la competencia de la jurisdicción castrense. La razón inconfesada de esta restricción había que buscarla en el recelo que siempre ha inspirado la jurisdicción militar.

La doctrina ha venido diferenciando los *delitos exclusiva o propiamente militares,* esto es, aquellos en los que el militar quebranta un deber inherente a la profesión de las armas, sin perjuicio de que también puedan ser responsabilizados por ellos los no militares, por la vía indirecta de la participación de «stranei», de aquellos otros *delitos impropiamente militares,* en los que personas civiles pueden ser sujetos activos directos de un ataque a un bien jurídico castrense, o en los que su propio carácter pluriofensivo daña a la par bienes jurídicos tutelados por la legislación ordinaria y bienes de naturaleza castrense.

A la vista de todo lo expuesto, resulta conveniente repasar cuáles son los bienes jurídicos protegidos por el Código Penal Militar desde una visión muy genérica de los distintos Títulos y Capítulos de su Libro II («De los delitos en particular»).

Los delitos contra la seguridad nacional y la defensa nacional (Título I).

Estamos aquí ante un bloque de conductas delictivas que plantea con frecuencia la problemática de cuál es el marco legal adecuado por su tipificación: el Código Penal común o el militar, con lo que ello entraña de atribuir su conocimiento a la jurisdicción ordinaria o a la castrense.

El legislador orgánico ha seguido la solución tradicional al respecto, esto es, la regulación de estas figuras en ambos Códigos Penales (común y militar), considerándolas delito militar cuando el sujeto activo sea militar o, no siéndolo, el delito se cometa en tiempo de guerra.

Con carácter general, puede decirse que el bien jurídico salvaguardado es la seguridad nacional, concepto más amplio que el de defensa militar.

Los delitos contra las leyes y usos de la guerra (Título II).

Es éste precisamente (los usos y costumbres de la guerra, que con el paso del tiempo se han ido recogiendo como normas de Derecho internacional en diferentes Convenios, de los que podríamos subrayar los Convenios de Ginebra de 1845 y de La Haya de 1954) el bien jurídico protegido, que hoy más bien se conoce como el Derecho Humanitario de la Guerra.

En consonancia con todo ello, no debe extrañar lo más mínimo que el sujeto activo de las conductas incriminadas por el Título II sólo pueda ser un militar.

El delito de rebelión en tiempo de guerra (Título III).

El legislador, aunque mantiene la figura de la rebelión en el Código Penal Militar, la circunscribe al tiempo de guerra, expulsando del texto castrense la rebelión con o sin armas cometida en tiempo de paz, con independencia de quien sea el sujeto activo.

Delitos contra la Nación española y contra la Institución militar (Título IV).

Nos encontramos aquí en presencia de un grupo de delitos de carácter pluriofensivo, por cuanto no ofenden a un solo bien jurídico, sino a la pluralidad de ellos.

Delitos con la disciplina militar (Título V).

Este grupo de delitos, junto a aquellos otros contra los deberes del servicio (contemplados por el Título VI), constituyen el núcleo fundamental de todo campo de leyes penales militares.

No es menester indicar que es la disciplina el bien jurídico tutelado por estos delitos, pero la disciplina entendida no como virtud moral, sino como elemento esencial de la orgánica militar, en cuanto las Fuerzas Armadas, forman una institución disciplinada, jerarquizada y unida, operando la disciplina como factor de cohesión que obliga a todos por igual.

En todas las figuras delictivas, como por otro lado resulta absolutamente lógico, el sujeto activo ha de ser un militar.

Delitos contra los deberes del servicio (Título vi).

Dentro de este genérico rótulo se recoge a lo largo de ocho capítulos un heterogéneo conjunto de figuras delictivas, considerado en la Exposición de Motivos del Proyecto como el «núcleo fundamental de las leyes penales militares».

a') *Delitos contra el honor militar.*

b') Delitos contra las disponibilidades de personal.

Incluimos dentro de este bloque los delitos contra los deberes de presencia.

c') Delitos contra la eficacia, rectitud y ejercicio responsable del mando.

El Capítulo 4.°, siempre del Título VI, engloba bajo el rótulo de «Delitos contra los deberes del mando» un dispar conjunto de figuras que van desde los delitos contra los deberes inherentes al mando hasta los de usurpación y prolongación de atribuciones, pasando por las extralimitaciones en su ejercicio.

d') Delitos contra el servicio de armas.

El Capítulo quinto del Título a que venimos refiriéndonos («Delitos de quebrantamiento de servicio») tipifica una serie de conductas lesivas de ese bien jurídico eminentemente castrense que es el servicio de armas, y de los deberes que del mismo dimanen.

e') Delitos contra la eficacia en el servicio.

El Capítulo séptimo del Título VI reúne un conjunto de figuras caracterizadas por la imprudencia o negligencia, principalmente profesional, de las que se deriva una afectación del cumplimiento de los deberes dimanantes del servicio, o la producción de daños en los recursos o misiones militares.

f') Delitos contra los deberes del servicio.

g') Delitos contra los deberes del servicio relacionados con la navegación (Título VII).

El título VII del Libro II del Código acoge un amplio repertorio de infracciones específicas de la navegación marítima y aérea.

h') Delitos contra la Administración de la Justicia Militar (Título VIII)

Como resulta patente, este Título trae su causa del reconocimiento constitucional de la jurisdicción castrense. La ineludible vigencia del principio de independencia judicial exige que esta jurisdicción tenga entre sus competencias la autodefensa jurídico-penal, esto es, que pueda conocer de los delitos cometidos en el ejercicio o contra el ejercicio de su función jurisdiccional.

i') Delitos contra la Hacienda en el ámbito militar (Título IX)

El Título IX, con el que se cierra el Libro II del Código, acoge un conjunto de nueve conductas delictivas caracterizadas por ser claramente lesivas del patrimonio castrense.

4. A la vista del repertorio de figuras tipificadas por el Código, de los bienes jurídicos protegidos y de los sujetos activos, pueden establecerse las siguientes conclusiones:

1. La incriminación de conductas por el Código se apoya fundamental, aunque no exclusivamente, en los delitos propiamente militares.

2. La condición de militar del sujeto activo se ha erigido en un principio rector del delito militar, que en tiempo de paz admite muy pocas excepciones. Si en tiempo de guerra abundan más los delitos cuyo sujeto activo puede ser cualquier persona, militar o civil, si bien, en tiempo de paz, los únicos casos en que el sujeto activo de una infracción penal militar puede ser un paisano son:

—El allanamiento de dependencia militar (art. 61).
—Los delitos contra centinela.
—La incitación, apología, auxilio o encubrimiento del abandono de destino o residencia y de la deserción (art. 129).
—Los delitos contra la Administración de Justicia Militar (artículos 180 y 182 a 188). Y
—La receptación de efectos militares (art. 197).

Capítulo 2.2.
EL PAPEL DE LA FISCALÍA TOGADA EN LA JURISDICCIÓN MILITAR

Jesús Bello Gil
General Consejero Togado
Fiscal Jefe de la Fiscalía Togada, Sala V del Tribunal Supremo

Al igual que sucedió con los órganos judiciales militares, la institución a la que en el ámbito de la Jurisdicción castrense le correspondía esencialmente promover la persecución de los ilícitos penales militares ejerciendo la acción penal en el proceso, en definitiva la Fiscalía Militar, llamémosle así por el momento, fue objeto también de una nueva configuración y tratamiento en las normas que a raíz de la Constitución fueron dictadas para acometer la precisa reforma de la Justicia Militar.

Entre estas Normas resulta capital en el tratamiento de la Fiscalía Militar, la Ley Orgánica de Competencia y Organización de la Jurisdicción Militar (L.O. 4/1987, de 15 de julio LOCOJM) que dedica un Título, el V, —la Ley está estructurada únicamente en Títulos, Capítulos y secciones—, a la ordenación de la Institución que nos ocupa con la denominación de «La Fiscalía Jurídico Militar».

Y el primero de los preceptos del Título citado, el artículo 87 contiene dos declaraciones esenciales que sirven para enmarcar inequívocamente en el seno de nuestro ordenamiento jurídico a la Fiscalía Jurídico-Militar; a saber:

—Se sanciona que la Fiscalía Jurídico Militar forma parte del Ministerio Fiscal.
—Y al mismo tiempo se sanciona la dependencia de la Fiscalía Jurídico Militar del Fiscal General del Estado.

No ha sido, por tanto, la reforma del Estatuto Orgánico del Ministerio Fiscal operada por Ley de 9 de octubre de 2007, como con frecuencia puede escucharse e incluso leerse en algún artículo u obra doctrinal, la que incorporó a la Fiscalía Jurídico-Militar a la orgánica del Ministerio Fiscal y la hizo depender del Fiscal General del Estado, sino que dicha pertenencia y dependencia quedaron ordenadas ya veinte años antes, en el año 1987, por la citada LOCOJM. Lo que sucede, eso si es cierto, es que las prevenciones de tal Ley Orgánica fueron olvidadas o ignoradas durante todo ese tiempo por el Estatuto de 1981, no obstante haber sufrido éste modificaciones legislativas de importancia después de promulgarse aquella Ley Orgánica de Competencia y Organización de la Jurisdicción Militar, muy especialmente una de cierta profundidad llevada a cabo en el año 2003.

Felizmente con la Ley de 2007 de modificación del Estatuto se subsanaron las anteriores deficiencias y en la redacción actual del artículo 8 aparece expresamente recogida la Fiscalía Jurídico Militar como un Órgano del Ministerio Fiscal, refiriéndose la norma estatutaria en ulteriores preceptos a los distintos órganos de la Fiscalía Jurídico-Militar.

Pues bien, el enmarcamiento de la Fiscalía Jurídico Militar, como órgano que forma parte del Ministerio Fiscal, y hay que recordar que conforme al artículo 22.1 del Estatuto, «el Ministerio Fiscal es único para todo el Estado» —es lo que se conoce como principio de unidad orgánica— implicaba por añadidura, que la Fiscalía Jurídico-Militar hubiese de tener la misma misión que la asignada por la primera de nuestras Normas al Ministerio Fiscal, esto es, según el artículo 124 CE:

> promover la acción de la justicia en defensa de la legalidad, de los derechos de los ciudadanos y del interés público tutelado por la ley, de oficio o a petición de los interesados, así como velar por la independencia de los tribunales y procurar ante estos la satisfacción del interés social.

Y así se recogió expresamente tal misión en el artículo 88 de la LOCOJM reproduciéndose casi con absoluta fidelidad el contenido de dicho precepto constitucional, como ya se había hecho en el artículo 1 del Estatuto del Ministerio Fiscal de 1981 e incluso en el artículo 541 de la LOPJ.

Y por la misma razón el artículo 89 de la LOCOJM sujeta la actuación de la Fiscalía Jurídico-Militar, como lo hace el artículo 124 de la CE para el Ministerio Fiscal en general, a los principios de unidad de actuación, dependencia jerárquica, legalidad e imparcialidad.

Por el de legalidad el Ministerio Fiscal actuará según dispone el artículo 6 del Estatuto, con sujeción a la Constitución, a las leyes y demás normas que integran el ordenamiento jurídico vigente, dictaminando, informando y ejercitando en su caso, las acciones procedentes u oponiéndose a las indebidamente actuadas en la medida y forma en que las leyes lo establezcan, y según requiere el artículo 7 por el de imparcialidad el Ministerio Fiscal actuará con plena objetividad e independencia en defensa de los intereses que le están encomendados.

Y la acomodación de la actuación de la Fiscalía Jurídico Militar al cumplimiento de las funciones atribuibles al Ministerio Fiscal por su Estatuto orgánico tiene igualmente su expreso refrendo legislativo en el artículo 89 de la LOCOJM que así lo establece, de tal manera que a la Fiscalía Jurídico Militar, como parte del Ministerio Fiscal, le corresponde, según el artículo 3 del Estatuto, entre otras, las siguientes funciones:

1. velar porque la función jurisdiccional en el ámbito de la jurisdicción militar se ejerza eficazmente conforme a las leyes y en los plazos y términos en ellas señalados, ejercitando, en su caso, las acciones, recursos y actuaciones pertinentes.
2. ejercer cuantas funciones le atribuya la ley en defensa de la independencia de los jueces y tribunales militares.
3. ejercitar las acciones penales y civiles dimanantes de delitos y faltas competencia de la jurisdicción militar, u oponerse a las ejercitadas por otros, cuando proceda.

Sobre este particular cabe señalar que hoy en día la acción penal y por supuesto la civil en el proceso penal militar puede ser ejercitada en todos los caso junto a la Fiscalía Jurídico Militar por quien ostenta la condición de perjudicado por el delito, una vez que por el Tribunal Constitucional fue declarada la inconstitucionalidad de la limitación establecida por la Ley en cuanto al ejercicio de la acusación particular cuando entre perjudicado e inculpado (ofendido y ofensor) mediara una relación jerárquica de subordinación. Consideró el T.C. que las exigencias de la disciplina o la evitación de contiendas judiciales entre personas de distinto empleo o rango militar no justificaba aquélla limitación conculcadora del derecho a la igualdad. Desde entonces como digo, el año 2004, es posible la acusación particular en el proceso penal militar en todo caso.

4) intervenir en el proceso penal militar, instando de la autoridad judicial la adopción de las medidas cautelares que procedan y la práctica de las diligencias encaminadas al esclarecimiento de los hechos, asi como practicar por sí misma, antes de instar la incoación del oportuno procedimiento penal, tal clase de diligencias en el seno de las llamadas diligencias informativas o de investigación.

En relación con este último extremo, efectivamente el artículo 5 del Estatuto Orgánico y el artículo 123 de la Ley Procesal Militar (L.P.M.) facultan a la Fiscalía Jurídico Militar para practicar u ordenar a la Policía Judicial que practique aquellas diligencias que considere pertinentes para el esclarecimiento de los hechos aparentemente delictivos, competencia de la Jurisdicción Militar, de los que tuviere conocimiento por sí misma o por serle presentada una denuncia o atestado. No pueden adoptarse medidas cautelares salvo la detención del presunto responsable y han de terminar dichas diligencias en el plazo de seis meses prorrogables hasta doce por el acuerdo motivado del Fiscal General del Estado.

El Fiscal decretará su archivo cuando entendiera que los hechos no revisten caracteres de delito con comunicación de tal circunstancia al denunciante o perjudicado para que pueda reiterar su denuncia ante el Juzgado si así lo considerase oportuno. En otro caso instará del Juez Togado la apertura del oportuno procedimiento con remisión de lo actuado, que goza de presunción de autenticidad, poniendo a su disposición al detenido, si lo hubiere, y los efectos del delito. También deberá cesar el Fiscal en sus diligencias tan pronto tenga conocimiento de la existencia de un procedimiento judicial sobre los mismos hechos.

5) velar por el respeto de las instituciones constitucionales y de los derechos fundamentales y de las libertades públicas con cuantas actuaciones exija su defensa.

A este respecto hay que recordar aquí que además de a la materia penal, la jurisdicción Militar se extiende a la tutela jurisdiccional en materia disciplinaria (art.4 LOCOJM). Esto es, se confía a los Tribunales Militares la revisión judicial de la actuación llevada a cabo por las Autoridades Militares en el ejercicio de la potestad disciplinaria mediante el conocimiento y decisión de los recursos contencioso-disciplinarios que se interpongan contra los actos dictados —generalmente sanciones— en aplicación de la Ley Disciplinaria. A tal efecto la Ley articula dos clases de recursos jurisdiccionales: el contencioso-disciplinario ordinario (en el que tiene cabida cualquier cuestión de legalidad ordinaria) y el llamado recurso contencioso disciplinario preferente y sumario para el caso de que el acto impugnado afecte al ejercicio de los derechos fundamentales de la persona, de conformidad con las prevenciones del artículo 53.2 de la CE. Pues bien en este procedimiento especial y sumario la Fiscalía Jurídico Militar es parte por imperativo legal y deberá actuar en consecuencia en defensa de esos derechos fundamentales y libertades públicas apoyando en su caso la demanda, interviniendo en suma junto al sancionado, en contra de la Administración sancionadora, si considera que aquéllos derechos fundamentales se han visto de uno u otro modo conculcados con la aplicación de la medida disciplinaria de que se trate.

6) mantener la integridad de la jurisdicción militar y competencia de los jueces y tribunales militares promoviendo los conflictos de jurisdicción y, en su caso, las cuestiones de competencia que resulten procedentes e intervenir en las promovidas por otros.

Como es sabido los conflictos que surjan entre los Juzgados y Tribunales de cualquier orden jurisdiccional de la jurisdicción ordinaria y los Juzgados y Tribunales Militares son resueltos por una Sala especial del Tribunal Supremo, contemplada en el artículo 39 de la Ley Orgánica del Poder Judicial y constituida por el Presidente del Tribunal Supremo y dos Magistrados de cada Sala entre las que existe conflicto. Generalmente se trata de conflictos de orden penal y por lo tanto de las Salas 2.ª y 5.ª, y más excepcionalmente del orden contencioso-administrativo y disciplinario, afectante por tanto a las Salas 3.ª y 5.ª. En el procedimiento previsto para la tramitación y decisión de tal clase de conflictos es preceptivo el informe de las Fiscalías de las Salas del Supremo a las que afecta, como decía normalmente las Salas 2.ª y 5.ª, y he de decir que si bien en puridad y en razón del principio de unidad de actuación a que ha de acomodar su conducta el Ministerio Fiscal (que es uno), ambas Fiscalías deberían mantener idéntica postura, es lo cierto que no siempre sucede así y en ocasiones las tesis mantenidas al respecto por la Fiscalía de la

Sala II y la Fiscalía Togada son distintas, aunque es verdad que tal disparidad viene a ser cada vez más excepcional como consecuencia del mutuo intento e interés de ambas Fiscalías en convenir en la tesis que debe de mantenerse previamente a formalizar el conflicto ante la Sala llamada a resolverlo.

7) velar por el cumplimiento y debida ejecución de las resoluciones judiciales que emanen de los órganos judiciales militares.

8) proponer o, en su caso, prestar el auxilio judicial internacional previsto en las leyes, tratados y convenios internacionales.

9) ejercer las demás funciones que el ordenamiento jurídico estatal le atribuya.

Y entre éstas se incluyen dos, atribuidas genuinamente a la Fiscalía Jurídico-Militar sin correspondencia en la Jurisdicción Ordinaria. A saber:

a) La intervención, y en su caso, la promoción del denominado *antejuicio* como requisito previo para proceder contra Jueces Togados y Presidente y Vocales de Tribunales Militares por delitos cometidos en el ejercicio de las funciones de su cargo. Antejuicio que hoy subsiste en el ámbito de la jurisdicción militar después de que fuese eliminado en la L.E.Crim y L.O.P.J. por la Ley del Tribunal del Jurado, para la Jurisdicción ordinaria.
b) El ejercicio del control de la legalidad en la aplicación de la Ley Disciplinaria.

Explicación

Una de las características de la reforma de la Justicia Militar llevada a cabo esencialmente en la segunda mitad de los años 80 (de 1985 a 1990) fue la separación absoluta entre la materia penal y disciplinaria. Los delitos militares se incluyeron en el Código Penal Militar que solo recogió eso: delitos, atribuyéndose el enjuiciamiento de los mismos con carácter exclusivo y excluyente a los órganos que configuraron la nueva Jurisdicción Militar.

Por su parte las infracciones disciplinarias se tipificaron en las Leyes Disciplinarias —cuya aplicación se confió al Mando Militar, por atribuirse igualmente con carácter exclusivo y excluyente la potestad sancionadora a aquellas Autoridades Militares. Los Tribunales no pueden, por simplificar, imponer sanciones disciplinarias.

Pues bien, gran parte de las faltas disciplinarias participan de igual naturaleza, en cuanto al tipo del injusto, que los delitos correspondientes, habiéndose optado por el legislador en su tratamiento como faltas en razón de la menor afectación que puede tener lugar del bien jurídico protegido, de ahí que el tipo incorpore la expresión final «siempre que no constituya delito».

Así las cosas, no resultaría conveniente, ni acorde con la distribución funcional operada por la Ley, que fuera la Autoridad disciplinaria quien pudiera decidir si el acto infractor cometido es o no constitutivo de delito, sino que dicho control de la legalidad ha de estar reservado, siempre, al Ministerio Fiscal. De ahí que la Ley exija que cuando la Autoridad Disciplinaria ordene la incoación de un expediente por falta grave o muy grave se de la oportuna cuenta a la Fiscalía Jurídico Militar correspondiente con remisión del Acuerdo de incoación del Expediente donde han de figurar recogidos los hechos que inicialmente se imputan al expedientado, y, será a la vista de los mismos cuando el Fiscal Jurídico Militar decida la procedencia o no de instar la persecución penal de tales hechos. De entenderlo así no podrá recaer resolución sancionadora en el Expediente Disciplinario en tanto no medie la oportuna resolución en el procedimiento judicial penal, siendo en todo caso vinculante su declaración de hechos probados.

Bien, decíamos al iniciar el análisis de las funciones que, en concreto, corresponden a la Fiscalía Jurídico-Militar, que éstas son las relacionadas en el Estatuto Orgánico pues así resulta expresamente de lo establecido en el artículo 89 de la LOCOJM y artículo 122 de la Ley Procesal Militar donde se señala que la Fiscalía Jurídico Militar ejercerá las funciones y desarrollará las actividades que se atribuyen al Ministerio Fiscal en su Estatuto Orgánico.

Ahora bien ello no debe ser entendido en el sentido de que el Estatuto sea susceptible de aplicación mimética en cuanto a la integridad de sus disposiciones a los miembros integrantes de la Fiscalía Jurídico-Militar.

Los miembros de la Fiscalía Jurídico Militar, por exigencias del artículo 90 de la LOCOJM, pertenecerán al Cuerpo Jurídico Militar, debiendo de encontrarse en situación de plena actividad. No son miembros de la Carrera Fiscal y por lo tanto no le son de aplicación las prescripciones, muy numerosas, que en dicho Estatuto se contemplan sobre la adquisición y pérdida de la condición de Fiscal de carrera, ascensos y categorías de la Carrera, situaciones administrativas, retribuciones, en fin cuantas normas conforman el estatuto personal y profesional de quiénes tienen esa condición, la de Fiscal de carrera.

Los miembros de la Fiscalía Jurídico Militar son, somos, militares, sin que se vean desprovistos de tal condición ni ésta quede en suspenso durante el ejercicio por aquellos de las funciones propias del Ministerio Fiscal que hemos analizado.

Y por su condición de militares están sujetos al Estatuto que les es propio, y que por lo que aquí interesa viene conformado por la Ley de la Carrera Militar de 19 de noviembre de 2007, Reales Ordenanzas de las Fuerzas Armadas (R.D 96/2009, de 6 de febrero) Ley de Régimen Disciplinario (LO 8/1998, de 2 de diciembre) y Ley de Derechos y deberes del Militar profesional, de 28 de julio de 2011.

Y son, como lo han sido tradicionalmente, la disciplina y el orden jerárquico los pilares sobre los que decididamente se asienta el estatuto militar, al tiempo que los valores cuya observancia es imprescindible para que las Fuerzas Armadas puedan lograr eficazmente los altos fines que le son asignados en el artículo 8 de la CE.

Y la disciplina aparece definida (art.8 RROO; art. 4 séptima de la Ley de la Carrera Militar y art. 6, regla de comportamiento 8.ª de la Ley de Derechos y Deberes) como «factor de cohesión que obliga a mandar con responsabilidad y a obedecer lo mandado». debiendo ser «practicada y exigida en las fuerzas armadas como norma de actuación. tiene su expresión colectiva en el acatamiento a la constitución y su manifestación individual en el cumplimiento de las órdenes recibidas».

En cuanto al orden jerárquico (art.ª 9 RROO; art. 4. Octava Ley de la Carrera) del que se predica un estricto respeto por el militar en el desempeño de sus cometidos, aquél define *la situación relativa entre los miembros de las fas en cuanto concierne a mando, subordinación y responsabilidad. y el mando «la autoridad implica el derecho y el deber de tomar decisiones, dar órdenes y hacerlas cumplir».*

Y «la responsabilidad en el ejercicio del mando no es renunciable ni puede ser compartida (Art. 55 RROO; Art. 4 Novena de la Ley de la Carrera Militar. Art. 6 10.ª de la Ley de Derechos y Deberes). *todo mando tiene el deber de exigir obediencia a sus subordinados y el derecho a que se respete su autoridad.*

Todo militar tiene el deber de obedecer las órdenes de sus superiores relativas al servicio (45 RROO y 4 Décima de la Ley de la Carrera)

ACTUANDO como límites a dicha obediencia la contrariedad de las órdenes a las leyes y cuando entrañen la ejecución de actos constitutivos de delito, en particular contra la Constitución (art. 48 RROO, 4 Undécima Ley Carrera Militar, y art. 21 CPM).

Resulta pues evidente que el status de los miembros de las Fiscalías Jurídico-Militares aún en el ejercicio de funciones fiscales, es ciertamente singular respecto del resto de los miembros del Ministerio Fiscal, los Fiscales de Carrera, y aquél estatus ha de prevalecer sobre el propio de éstos cuando surja conflicto o incompatibilidad entre ambos.

Es claro que cada uno de los Fiscales integrantes de las distintas Fiscalías Jurídico-Militares, gozan en razón del distinto empleo militar que ostentan de una situación de preeminencia concreta respecto de los demás que les estén subordinados según la relación jerárquica castrense. El tratamiento al que tienen derecho le es reconocido por la ley (art. 90 LOCOJM) en razón del empleo militar que les corresponda *no* como sucede con los demás Fiscales en razón del rango y naturaleza del Tribunal ante el que ejerzan las funciones.

Todos ellos están sujetos a responsabilidad disciplinaria distinta de aquélla que les es exigible por las faltas que pudiesen cometer en el ejercicio del cargo de Fiscal. Ni siquiera esta última es la misma respecto de los Fiscales de Carrera, pues no es la contemplada en el Estatuto sino la específicamente regulada en la L.O.C.O.J.M (arts. 128 a 145) aunque ciertamente la tipología de las infracciones, clases de sanciones, procedimiento y competencia sancionadora sean muy similares. Pero me estaba refiriendo a la responsabilidad disciplinaria a la que están sujetos los miembros de las Fiscalías Jurídico Militares en razón de su condición de militares y la que se puede hacer efectiva mediante sanciones bien distintas (las propias de la Ley Disciplinaria) y tan graves como las de pérdida de destino o incluso separación del servicio y para cuya imposición no está prevista participación alguna del Fiscal General del Estado.

Esta singularidad en la posición de los miembros de las Fiscalías Jurídico-Militares derivada de su particular estatus como militares, hace como antes decía, en nuestra opinión, inaplicables aquéllos preceptos del Estatuto que resultan incompatibles con aquél durante el ejercicio de la función.

Me estoy refiriendo a las prevenciones que se recogen en los artículos 24 a 27 del Estatuto sobre el modo de resolverse los eventuales conflictos que pudieran surgir entre el criterio del Fiscal Jefe y el criterio mayoritario del resto de los Fiscales, reunidos en junta. Entiendo que en el ámbito de las Fiscalías Jurídico Militares siempre será aconsejable y conveniente incluso el que el Fiscal Jefe reúna a los Oficiales Fiscales que le están subordinados para recabar su opinión, parecer, o estudio de asuntos de especial trascendencia o complejidad, y promover en su caso el oportuno debate al respecto, pero sin que de dicho debate pueda surgir con la necesaria virtualidad una opinión mayoritaria de los asistentes contraria a la del Fiscal Jefe, y sobre todo una pretensión de que aquella trascienda sobre la de éste sometiendo tal disparidad de posturas a la decisión de un superior común. Ello pugna abiertamente con las más elementales exigencias de la disciplina y por lo tanto tal contingencia debe entenderse desterrada en el ejercicio de las funciones propias del Ministerio Fiscal en el seno de las Fiscalías Jurídico-Militares.

El principio de dependencia jerárquica que preside la actuación de los miembros del Ministerio Fiscal según el Estatuto se ve reforzado en el ámbito de la Fiscalía Jurídico Militar en virtud de la condición de militares de sus miembros y su sujeción a un particular régimen estatutario que trasciende sobre aquél y prevalece en caso de conflicto con el que es propio de quienes ejercen funciones fiscales.

Así viene en cierta medida a reconocerse por el propio legislador del Estatuto cuando después de sancionar en un artículo 22.5 que el Fiscal Jefe de cada órgano ejercerá la dirección de éste y actuará siempre en representación del Ministerio Fiscal bajo la dependencia de sus superiores jerárquicos y del Fiscal General del Estado y de atribuirle las funciones de:

—Organizar los recursos y distribución del trabajo.
—Conceder los permisos ....
—Ejercer la facultad disciplinaria en los términos normativamente ...
—Hacer las propuestas de recompensas.
—Las demás que les confieran las oportunas disposiciones.

Termina, señalando que

> lo dispuesto en este apartado se entiende sin perjuicio de las facultades que atribuye al ministro de defensa el artículo 92 de la ley orgánica 4/87, de 15 de julio LOCOJM.

Y es que efectivamente el citado art. 92 de la LOCOJM faculta al Ministro de Defensa para poder impartir órdenes e instrucciones al Fiscal Togado referente a las actuaciones que deban adoptarse para la mejor aplicación de las leyes ante los Tribunales y Juzgados Militares, así como en defensa del interés público en el ámbito Militar, pudiendo recabar asimismo información del Fiscal Togado sobre los asuntos en que éste intervenga cuando no haya impedimento legítimo para ello.

Precepto que no tiene parangón en el Estatuto y con el que se hace patente y manifiesta la singularidad de la posición de la Fiscalía Jurídico-Militar dentro del Ministerio Fiscal.

Con todo, estimo que el precepto en cuestión no debiera ser aviesa o indebidamente interpretado, pues lo que es incuestionable es la dependencia directa en el ejercicio de la función, porque así lo dice expresamente la Ley, del Fiscal General del Estado a quien en todo caso el Fiscal Togado podrá, conforme a la exigencia estatutaria, informar de las instrucciones recibidas del Ministro de Defensa y aquél decidir lo que finalmente proceda, pues siempre podría avocar para sí cualquiera de las funciones que corresponden a sus subordinados y el Fiscal Togado lo es del Fiscal General del Estado.

A título ilustrativo puedo decir que no conozco ni durante mi mandato ni el de los Fiscales Togados que me han precedido el que se haya producido conflicto alguno con motivo de la eventual aplicación del precepto de referencia.

Supuesto distinto del anterior, es finalmente la facultad de instar del Fiscal Jurídico Militar las actuaciones que pudieran proceder en defensa del interés público en el ámbito militar.

Tal facultad se reconoce en primer término a determinadas Autoridades Militares (R.D 492/2004) viniendo a reemplazar dicha facultad la antigua legitimación que se reconocía a dichas Autoridades para recurrir en casación las sentencias (en aras de la disciplina).

Igual facultad se reconoce al Ministro de Defensa, a través del Ministro de Justicia para que el Fiscal General del Estado (Art.8 Estatuto) promueva acción ante la Sala V del Tribunal Supremo.

En ambos casos se trata de una solicitud atendible o no según decisión inapelable en el primer caso del Fiscal Jefe de la Fiscalía Jurídico Militar a la que se hubiere dirigido la Autoridad Militar, y en segundo de la del Fiscal General del Estado quien resolverá, oída la Junta de Fiscales de Sala, sobre la viabilidad o procedencia de las actuaciones interesadas.(Art.º .8 Estatuto)con exposición razonada al Gobierno de la resolución adoptada.

Por último y para cerrar este capítulo sobre la posible «interferencia» de la Autoridad administrativa sobre la Fiscalía Jurídico Militar, es de señalar que conforme al art. 330 de la Ley Procesal Militar:

> el ministro de defensa, previa formación de expediente, podrá ordenar al fiscal togado que interponga recurso de revisión de sentencias dictadas por tribunales de la respectiva jurisdicción cuando, a su juicio, existan motivos fundados para ello, conforme a cualquiera de los casos establecidos en el artículo 328.

Este precepto es prácticamente fiel trascripción del artículo 956 de la LECrim conforme al cual el ministerio de gracia y justicia, previa formación de expediente, podrá ordenar al fiscal del tribunal supremo que interponga el recurso (de revisión) cuando a su juicio hubiese fundamento bastante para ello.

La Norma en cuestión resulta inaplicable en los términos que está redactada por colisionar con las prevenciones que hoy se contienen en el artículo 8 EOMF ya citado.

Organización

Conforme al artículo 93 LOCOJM Y 18 DOS EOMF, son órganos de la Fiscalía Jurídico Militar y por tanto del Ministerio Fiscal:

1. La Fiscalía Togada.
2. La Fiscalía del Tribunal Militar Central.
3. Las Fiscalías de los Tribunales Militares Territoriales.

Las Fiscalías de los Tribunales Militares Territoriales ejercen las funciones fiscales ante cada uno de los cinco Tribunales Militares Territoriales y los Juzgados Togados de su Territorio. Al frente de las mismas está un Coronel o un Tte. Coronel y están dotadas con los miembros del Cuerpo Jurídico que se determinan en las correspondientes plantillas.

Su sede viene fijada por el Estatuto y será la del Tribunal Territorial ante el que ejercen las funciones, sin perjuicio de que puedan desplazarse para actuar en las sedes de los Juzgados de su territorio e incluso en cualquier punto del territorio nacional, en este caso con la autorización del Fiscal General del Estado (Art. 21.5. EOMF).

También en el caso de desplazamientos de Fuerzas Armadas Españolas al extranjero, y que un Juez Togado acompañe a éstas o se desplace al lugar ocupado por las mismas, podrá el Fiscal Jefe del Tribunal Militar Territorial Primero o el del Central, con la autorización del Ministro de Defensa, destacar a dicho lugar a un miembro de sus Fiscalías, cuando su intervención sea precisa o conveniente en una actuación sumarial.

La Fiscalía del Tribunal Militar Central, por su parte, a cuyo frente figura un General Auditor, ejerce las funciones fiscales ante dicho Tribunal, que extiende su jurisdicción a todo el Territorio Nacional. Tiene, por prescripción estatutaria (art. 21) su sede en Madrid.

La Fiscalía Togada está dirigida por el Fiscal Togado quien, dice la Ley, estará asistido, al menos, por un General Auditor, y un Fiscal de Sala del Tribunal Supremo (art. 97), esto es por un Fiscal de la Carrera Fiscal de la 1.ª Categoría, y por lo tanto no perteneciente al Cuerpo Jurídico Militar.

El General Auditor es nombrado por Real Decreto, refrendado por el Ministro de Defensa, previo informe del Fiscal General del Estado y el Fiscal de Sala (dice la Ley que seguirá, en cuanto a su nombramiento, cese y estatuto personal, el mismo régimen que los demás Fiscales del Alto Tribunal, esto es será nombrado por el Gobierno a propuesta del Fiscal General del Estado previo informe del Consejo Fiscal, por un periodo de 5 años renovables.

La Ley no contempla ninguna preeminencia de uno sobre el otro entre los Fiscales asistentes más próximos del Fiscal Togado, esto es el Fiscal de Carrera, Fiscal de Sala, y el General Auditor. Tampoco lo hace el Estatuto. Y suscitada que fue la contingencia cuando hubo que sustituir al Fiscal Togado en caso de vacante del cargo, y por lo tanto ejercer la Jefatura de la Fiscalía Togada aunque fuere interinamente mientras durase tal contingencia, la cuestión fue sometida a decisión del Fiscal General del Estado quien por Decreto resolvió que era al Tte. Fiscal de la Fiscalía General quien debía asumir la jefatura de la Fiscalía Togada en tales supuestos de vacante y correspondiendo al Fiscal de Sala el desarrollo de las relaciones con la Sala Quinta y la redacción de la memoria, y al General Auditor en lo que concernía al mantenimiento de las relaciones con el Ministro de Defensa y las funciones que el artículo 95 de la LOCOJM atribuye al Fiscal Togado para que sean ejercidas por delegación del Fiscal General del Estado. (Ahora veremos cuáles son esas funciones).

Además de estos dos Asistentes (ley de mínimos) en la Fiscalía Togada prestan servicio como Fiscales, asistiendo igualmente al Fiscal Togado, otros miembros del Cuerpo Jurídico conforme a la plantilla existente al efecto.

El Fiscal Togado será, dice la Ley (art. 96), General Consejero Togado y su nombramiento y cese se efectuarán por Real Decreto refrendado por el Ministro de Defensa, previo informe del Fiscal General del Estado.

Toma posesión de su cargo, como el resto de los Fiscales de Sala en un acto solemne celebrado en el Salón de Plenos del Tribunal Supremo ante la Sala de Gobierno del Tribunal Supremo junto a cuyo Presidente se sentará el Fiscal General del Estado (Art. 45 EOMF), e inmediatamente en la sede de la Fiscalía General del Estado ante el Fiscal General del Estado, el Tte. Fiscal y el Fiscal Jefe de la Inspección.

La figura del Fiscal Togado aparece ordenada en la Ley en una doble vertiente:

a) Como Fiscal Jefe de la Sala V del Tribunal Supremo.
b) Como Fiscal delegado del F.G.E para la actuación fiscal en el ámbito de la Jurisdicción Militar.

A) *Como Fiscal Jefe de la Sala V del T.S.*

Corresponden al Fiscal Togado el ejercicio ante ella de las mismas facultades que tienen los demás Fiscales Jefes de las restantes Salas ante las suyas. (Art. 94 LOCOJM).

Le corresponde pues evacuar los oportunos escritos, informes y dictámenes en los asuntos tramitados por dicha Sala, y actuar ante la misma interviniendo en las vistas cuya celebración acuerde la Sala para la resolución del procedimiento de que se trate. Y por extensión la actuación que corresponda ante las Salas Especiales del T.S. del artículo 39(Conflictos Jurisdiccionales) y del art. 61 (incidentes de recusación contra el Presidente de la Sala o más de dos Magistrados de la misma, error judicial imputado a la Sala, o recursos de revisión de sentencias de la Sala dictadas en única instancia).

Ejercicio de la función de asistencia y dación de cuentas en la Junta de Fiscales del Tribunal Supremo, y sobre todo en la Junta de Fiscales de Sala, a la que, según el art. 15 EOMF corresponde asistir al FGE en materia doctrinal y técnica, en orden a la formación de los criterios unitarios de interpretación y actuación legal, la resolución de consultas, elaboración de las memorias y circulares, preparación de proyectos e informes que deban ser elevados al Gobierno y cualesquiera otras, de naturaleza análoga que el F.G.E. estime procedente someter a su conocimiento y estudio. Es pues fundamentalmente el órgano donde se aprueban las circulares e instrucciones de la Fiscalía General del Estado, a fin de que todos los Fiscales, todos los miembros del Ministerio Fiscal, acomoden su actuación en el cumplimiento de su misión a lo que en ellos se establezca.

El Fiscal Togado actúa en dicha Junta en el mismo plano y condición que el resto de los Fiscales de Sala, esto es con voz y voto, sea cual fuera la materia de que se trate y está facultado, como el resto de los Fiscales de Sala, para proponer al F.G.E. las circulares e instrucciones que considere necesarias. (Ar. 22 EOMF).

Finalmente está obligado a poner en conocimiento del Fiscal General del Estado, los hechos relativos a su misión que por su importancia o trascendencia deba conocer (Art. 25 EOMF). Deberá pues informarle de aquéllos asuntos que estén tramitándose ante la Sala V o ante las Salas Especiales del Tribunal Supremo que ofrezcan una significada relevancia.

B) *Como Fiscal Delegado del F.G.E.*

El artículo 95 de la LOCOJM establece que:

> Por delegación del Fiscal General del Estado, corresponde también al Fiscal Togado:
> 1. Impartir a los miembros de la Fiscalía Jurídico Militar órdenes concretas e instrucciones sobre la aplicación e interpretación de las leyes, con carácter general o referentes a un hecho determinado, bien a propia iniciativa, o siguiendo las instrucciones o indicaciones que al efecto le haga el Fiscal General del Estado.
> 2. Defender la competencia de la jurisdicción militar en los conflictos jurisdiccionales.
> 3. Informar al Ministerio de Defensa sobre los nombramientos del Fiscal del Tribunal Militar Central y Fiscales Jefes de los Tribuna-

> les Militares Territoriales, entre miembros de los Cuerpos Jurídicos de los Ejércitos que reúnan las condiciones reglamentarias.
> 4. Ejercer la inspección de las Fiscalías Jurídico Militares.
> 5. Ejercer la potestad disciplinaria conforme a lo dispuesto en esta Ley.
> 6. Redactar, al principio de cada año judicial, un informe general en el que expondrá cuando considere pertinente en relación con la jurisdicción militar durante el año anterior e indicará las cuestiones que se hayan suscitado y las reformas que puedan introducirse. Este informe se elevará al Fiscal General del Estado, y posteriormente, al Ministro de Defensa.
> 7. Formar anualmente la estadística general de los procedimientos seguidos en la jurisdicción militar para lo que mantendrá relación con las Secretarías de los órganos judiciales militares.
> Estas facultades podrán ser avocadas en cualquier momento por el Fiscal General del Estado.

Del ejercicio de estas funciones se deberá poner en previo conocimiento del F.G.E. en aquellos casos que ofrezcan una especial importancia o trascendencia, en línea con la previsión normativa contenida en el artículo 25 del EOMF. Singularmente los relativos al ejercicio de la potestad disciplinaria y a la elevación de informes al Ministerio de Defensa en materia de nombramiento de Fiscales Jefes de las Fiscalías Militares jerárquicamente dependientes.

CAPÍTULO 3

DERECHO MILITAR Y RESOLUCIÓN DE CONFLICTOS

Capítulo 3.1.
ASPECTOS JURÍDICOS EN LA PREVENCIÓN DE CONFLICTOS

Gonzalo Zarranz Domenech
General auditor
Asesoría Jurídica General

Antes de iniciar el desarrollo de este tema de prevención de conflictos conviene que nos pongamos de acuerdo en el significado de algunos términos.

Si se realizara una encuesta acerca de la simpatía que las personas sienten por la paz obtendríamos un respaldo universal en su valor como bien público. Si preguntásemos en esta encuesta que entienden estas personas por paz, veríamos que en muchos casos la respuesta sería «la ausencia de violencia y conflictos». Todavía hay un amplio sector que tiene un sentido negativo de paz, como ausencia de violencia y conflictos, tal como muchos definen la salud como ausencia de enfermedad.

Tampoco violencia y conflicto son términos equiparables. Los conflictos son parte ineludible de la vida social, pero no son algo negativo per se, ya que la presencia de un conflicto puede poner sobre la mesa la necesidad de revisar el tema que lo genera. Demasiado a menudo intentamos resolverlo empleando la violencia (doméstica, entre grupos, entre Estados).

El conflicto, por tanto, puede ser un hecho positivo en ciertas circunstancias. La violencia, sin embargo, no es deseable nunca. Es absurdo pretender prevenir conflictos en general, porque ellos son parte sustantiva de la vida en sociedad. De lo que se trata en realidad es prevenir, contener, resolver y transformar los conflictos violentos en procesos no violentos.

¿Qué es la violencia? Para muchos es un fenómeno asociado exclusivamente al ejercicio de la violencia física. Sin duda las agresiones físicas y las guerras conmueven nuestras conciencias y se nos hacen más evidentes que otras formas de violencia que se manifiestan cotidianamente.

La paz no puede ser considerada una situación en que la violencia física esté ausente. No puede haber paz donde se ejerce cotidianamente la violencia estructural (negadora de derechos humanos, económicos o sociales) o cultural (negadora de derechos de identidad social). La construcción de la paz tiene por ello que ser concebida como un proceso integral y permanente.

Para explicar porque en ocasiones no somos capaces de reaccionar antes que el conflicto se haya transformado en violencia, a mi me gusta recurrir a la obra de Peter Senge «La quinta disciplina».

«El sistema interno de las ranas para detectar amenazas a la supervivencia está preparado para cambios repentinos en el medio ambiente, no para cambios lentos y graduales.

Si arrojamos una rana a un caldero de agua hirviendo, la rana al mínimo contacto casi rebotará y aunque algo escaldada sobrevivirá.

Si hacemos la misma prueba, arrojándola a un caldero de agua fría y la ponemos a calentar, la rana nadará plácidamente e incluso al aumentar la temperatura disfrutará, pero a medida que se incremente ésta, la rana se irá adormeciendo y terminará hirviendo y muriendo».

La enseñanza es sencilla, somos capaces de reaccionar ante una catástrofe tomando decisiones duras pero necesarias (Kosovo, Afganistán). En cambio, somos incapaces de reaccionar y tomar decisiones drásticas ante los cambios sutiles de la situación que poco a poco nos lleva a la ruina.

Según un reciente informe del International Peace Research Institute de Estocolmo hay actualmente cuarenta y seis Estados en el mundo que pueden ver disparadas sus tensiones desembocando en conflictos armados (Senegal, Costa de Marfil, Ghana, Nigeria, Argelia, etc.) y cincuenta y seis con riesgo alto de desestabilización (Mauritania, Sahara, Marruecos, Libia, etc.).

La idea de prevenir conflictos ha sido una constante a lo largo de los siglos, sin embargo el concepto tal como lo entendemos hoy en día, es muy nuevo dentro de las relaciones internacionales. Es Boutros Ghali quién en 1992 en el documento «Un programa para la paz» presenta la idea de la prevención de los conflictos como una política para Naciones Unidas.

¿Qué se entiende por prevención de conflictos? La prevención de conflictos es un conjunto de estrategias donde convergen actuaciones a nivel económico, social, cultural, judicial y político incluyendo la militar, con el fin de establecer un entorno más estable que permita prevenir los conflictos violentos o resolver los que ya han estallado.

Hay quien considera que sólo se puede hablar de prevención de conflictos en los primeros momentos del mismo. En mi opinión, la prevención de conflictos puede incluir cualquier herramienta, desde las destinadas a que no estalle como las destinadas a que éste no escale más, por lo que podríamos hablar de prevención en todas las fases de un conflicto.

INSTRUMENTOS PARA LA PREVENCION

Con carácter general dentro de un conflicto podemos distinguir un momento de «pre-conflicto» (que suele pasar desapercibido) en el que todavía no lo hay pero sí empezamos a contemplar una serie de factores que pueden desembocar en él; un momento de escalada del conflicto que es cuando éste comienza a volverse más evidente; una fase de conflicto y crisis que es donde el conflicto va a adquirir mayor grado de violencia; un momento de resolución del conflicto, que es donde se va a intentar alcanzar el final del mismo buscando una solución duradera. En esta fase el nivel de violencia ha disminuido considerablemente y han mejorado las condiciones socio-económicas y políticas; y, finalmente, una fase de post-conflicto y desarrollo, que es la fase que supone el fin progresivo de la violencia.

Es muy difícil hacer una clasificación de los instrumentos o herramientas que se deben utilizar en cada una de las fases de un conflicto, ya que muchas de ellas se van a superponer y no van a ser específicas, como tampoco va a ser fácil la total diferenciación de las fases.

En atención a las fases que hemos señalado podríamos hablar de una serie de instrumentos para la prevención de los conflictos, entre los que encontraríamos la diplomacia preventiva, que Boutros Ghali en su programa para la paz definió como las acciones para prevenir que aumenten las disputas entre las partes, prevenir que las disputas actuales se transformen en conflictos y limitar la extensión de éstos cuando ya han ocurrido. Existirán las medidas económicas y sociales con las que pretenderemos ayudar a superar las causas estructurales. Las medidas políticas y jurídicas de desarrollo de programas para fortalecimiento de instituciones políticas y de la sociedad civil. Pero sobre todo podemos destacar entre las medidas a aplicar las medidas militares.

Estas las utilizaremos ineludiblemente en el punto álgido del conflicto, cuando una respuesta militar se considere que es la solución definitiva para impedir pérdidas de vidas y sufrimientos. Este tipo de operaciones tiene en la mayoría de las veces su fundamento en el Capítulo VII de la Carta de Naciones Unidas como una de las medidas que puede acordar el Consejo de Seguridad para mantener o restaurar la paz y la seguridad internacional.

Este tipo de medidas militares pueden darse en las diferentes fases del conflicto, a partir de la fase que hemos llamado de escalada. Y aquí entramos de lleno en las llamadas operaciones de paz, así vemos como en la escalada del conflicto que como hemos señalado es el momento en que el conflicto comienza a volverse más evidente, en una situación de prevención de conflictos idílica, pondríamos en marcha una operación de reconstrucción de la paz (PEACE BUILDING), que en realidad son más frecuentes en el post-conflicto, pero que como lo que se busca con ellas es consolidar las relaciones pacíficas y crear un entorno que impida las tensiones que puedan desencadenar un conflicto, poniéndola en marcha en esta fase podrían solucionarse algunas de las raíces del conflicto y evitar que llegara a un estado más cruento, aunque lo normal será el establecimiento de una operación PEACE MAKING destinada a conseguir un acuerdo negociado entre las partes.

En la fase de conflicto y crisis, donde se alcanza un mayor grado de violencia, puede darse una situación de caos y emergencia complejas que hace que instituciones esenciales como policía, justicia y la administración civil dejen de funcionar. En esta fase la herramienta más útil a emplear sería una operación de establecimiento de paz, con acciones encaminadas a que las partes enfrentadas lleguen a un acuerdo. Si esto fracasa se adoptarían las medidas del Capítulo VII de la Carta y transformaríamos la operación en una operación de imposición de la paz. En este caso cuando se decide el uso de la fuerza es necesario un mandato claro en este sentido del Consejo de Seguridad, el uso de la fuerza militar, como última respuesta posible, es clave para mantener la credibilidad internacional y se ha demostrado en reiteradas ocasiones como una forma útil de detener los conflictos.

En la fase de resolución en la que los esfuerzos van encaminados a terminar el conflicto y buscar una solución duradera, se entra en las tareas propiamente dichas de las operaciones de mantenimiento de la paz (PEACE KEEPING), que se puede dar a lo largo de todo el conflicto, para prevenirlo, para evitar su escalada y, hasta que se desencadenen, las acciones militares. Con estas operaciones se va a vigilar la aplicación de los acuerdos sobre el control del conflicto (alto el fuego, separación, etc.) y asegurar la ayuda humanitaria.

En la fase de post-conflicto y consolidación de la paz es en la que nos vamos a dedicar a la construcción o rehabilitación. Estas misiones a las que denominamos PEACE BUILDING se diferencian de las que con la misma denominación se pueden desarrollar en la fase de escalada del conflicto en que su finalidad no es evitar que estalle una crisis, sino que ahora lo que vamos a tratar de evitar es que se repita. La reconstrucción post-conflicto es una de las fases más importantes puesto que aquí habrá que tratar de adoptar todas las medidas necesarias para resolver las causas más intrínsecas del conflicto. Son las operaciones empleadas para la consolidación de la paz y la reconstrucción de estructuras sociales y estatales.

Hay que resaltar que el ciclo de vida de un conflicto no es tan simple ni tan diferenciado por etapas como se ha descrito aquí. Si así fuera sería muy fácil aplicar las estrategias correctas en cada una de las fases para terminarlos. Por el contrario, existe la posibilidad de que re-estallidos del conflicto a lo largo de todo su ciclo de vida puedan darse. Así no siempre después de la fase de resolución del conflicto va a perfeccionarse la del post-conflicto, puesto que las partes pueden no llegar a un acuerdo, o pueden no respetarlo, volviendo a estallar el conflicto en una nueva escalada.

Por eso hoy las operaciones militares tampoco responden exclusivamente a alguno de los tipos de PEACE MAKING, PEACE KEEPING, PEACE ENFORCEMENT. PEACE BUILDING, HUMANITARIAN RELIEF. Hoy las operaciones son multifuncionales y en un mismo conflicto podremos observar el desarrollo de diferentes tipos de misiones según el momento del conflicto en que nos fijemos. Por eso hoy lo que se tiene realmente en cuenta son las cuatro áreas básicas que se buscan con toda operación:

—Seguridad, proporcionada por las fuerzas militares y policiales desplegadas, y cuyo objetivo fundamental es la consecución de un entorno seguro y el mantenimiento de la seguridad (en esta área se incluye la reestructuración de las fuerzas armadas del país en conflicto y de sus fuerzas policiales).
—Reconstrucción, de infraestructuras básicas imprescindibles y la rehabilitación del tejido económico.
—Desarrollo político y democrático, cuyo objetivo es la reestructuración y en muchos casos la creación de los tejidos políticos y sociales en la zona de conflicto, de acuerdo con los estándares del Derecho Internacional, y el tutelaje de su funcionamiento durante un tiempo.
—Asistencia humanitaria cuyo objetivo es el apoyo directo a la población en la zona de conflicto, no sólo en el campo del suministro alimentario, sino también asistencial, educativo, etc.

De otro lado, vemos como determinados mecanismos de prevención de conflictos son de aplicación durante todas las fases del conflicto. Por ejemplo, la diplomacia preventiva, puesto que será necesario mantener canales abiertos a lo largo de la duración del conflicto para que las partes puedan dar marcha atrás. Por ello se hace la distinción entre diplomacia preventiva temprana (antes de que estalle) y diplomacia preventiva tardía. Medidas económicas ya que la puesta en práctica de este tipo de medidas es clave en las fases de pre-conflicto y de post-conflicto porque son las que van a ayudar a superar las causas estructurales del mismo, pero también pueden utilizarse en la fase de escalada a modo de sanciones y en la más álgida en la que junto a las sanciones se pondrá en marcha programas de ayuda humanitaria y alimenticia para paliar los efectos del conflicto.

Otro problema con el que nos encontramos hoy en día es el cambio que se ha producido en los conflictos. Actualmente son interdependientes y con resonancia en todo el planeta, ha crecido exponencialmente la información (internet, telefonía móvil, cámaras digitales, etc.). Ello en parte contribuye a que la violencia se planee y se prepare para que se vea en las televisiones. Habitualmente los medios de comunicación se concentran más en los detalles en detrimento de una visión de conjunto. Predominan los factores inmateriales y en muchas ocasiones es más importante la voluntad de actuar que los medios para hacerlo.

Actualmente se admite que la mejor defensa frente a las nuevas amenazas consiste en anticiparse y actuar a distancia (proyectar fuerzas) tenemos que ir al lugar de la crisis. La prevención es clave, prevención a todos los niveles, desde la cooperación y ayuda a los países con problemas hasta la gestión eficaz de la crisis. En la mayoría de las crisis hay una oportunidad limitada, en tiempo y en espacio para dar una respuesta militar acertada (si no se actúa en el momento adecuado, se puede erosionar la credibilidad internacional, dar lugar a una intervención que necesite mayor grado de fuerza o mayor duración en el tiempo).

Hoy la mayoría de los conflictos a los que se van a enfrentar las fuerzas armadas occidentales van a ser conflictos asimétricos en los que la parte contraria va a intentar aprovecharse de nuestras vulnerabilidades como son:

—Aversión a víctimas y daños colaterales excesivos.
—Sensibilidad a la opinión pública nacional e internacional.
—Sensibilidad ante las bajas propias.
—Nuestras leyes y nuestra moral.
—La dificultad de enfrentarse a conflictos armados que duren años en lugar de meses.

Ello va a implicar un fuerte control en el uso de la fuerza como luego veremos. La opinión pública es mucho más exigente hacia el Ejército convencional, los conflictos asimétricos plantean graves problemas a las fuerzas armadas convencionales.

Henry Kisinger en su libro «Diplomacia» ya escribió «La guerrilla gana si no pierde, el ejército convencional pierde si no gana» y el Teniente General Scates, Jefe del Mando de Doctrina del Ejército Americano dijo aquello de «Nuestros rivales potenciales han aprendido el valor del tiempo y la paciencia. Desde su perspectiva un éxito rápido no es esencial para lograr la victoria final».

Ante estas estrategias hay que asegurarse que disponemos de la voluntad política, fuerzas y capacidades para intervenir en estas clases de conflictos.

Es importante tener en cuenta que en muchas ocasiones el adversario puede no depender de una autoridad política convencional y no estar sujeto a restricciones de orden jurídico, diplomático o moral.

El recurso a métodos y procedimientos fuera de las leyes y usos de la guerra es lo que hay que esperar de un adversario asimétrico, del que el terrorismo es un paradigma. Por ello el respeto por nuestra parte al conjunto normativo que constituye el derecho de los conflictos armados es esencial para el planeamiento, conducción y éxito de las operaciones ya que constituyen un hecho diferencial respecto al comportamiento del adversario. Hoy en día, por esa aversión a las víctimas y daños colaterales excesivos y sensibilidad ante las bajas a que antes he hecho referencia, ninguna Sociedad occidental aceptaría ver a sus fuerzas armadas actuar o participar en una operación en la que no se respetara la legalidad y se produjeran vulneraciones de los derechos humanos.

Ello nos lleva a la cuestión del control del uso de la fuerza. A este respecto el Secretario General de Naciones Unidas en su boletín de fecha 6 de agosto de 1999, ya fijó las normas del derecho de los Conflictos Armados que deben ser observadas. En todas aquellas operaciones propiciadas por Naciones Unidas, y que son básicamente los 4 Convenios de Ginebra y sus Protocolos adicionales. Ello ha puesto fin a una discusión doctrinal que se había mantenido acerca de si el llamado derecho guerra era o no de aplicación a las operaciones de paz.

Como Vds. saben el derecho de la guerra surge de la necesidad de regular un fenómeno que como toda realidad social debe ser objeto de atención y regulación por el derecho, a través de normas jurídicas. La guerra puede ser un fenómeno contrario al derecho (antijurídico) pero no es algo que pueda quedar al margen o fuera de la regulación normativa.

Ante todo el Derecho Internacional se preocupa por establecer las condiciones en que es lícito a los Estados recurrir a la fuerza armada (ius ad bellum). En este terreno ha llegado a consolidarse, en el Derecho Internacional positivo, el principio que prohíbe el recurso a la amenaza o al uso de la fuerza contra la integridad territorial o la independencia política de cualquier Estado o en cualquier forma incompatible con los propósitos de la Carta de NN.UU. Hoy podemos afirmar que el tradicional ius ad bellum se ha transformado en un ius contra bellum.

Por otro lado y teniendo en cuenta la realidad de la existencia de guerras ilegales o conformes a la Carta NN.UU el Derecho Internacional inspirado en la noción ética de humanidad, procura controlar la guerra poniendo frenos normativos a fin de evitar sus efectos devastadores (ius in bello) sometiéndola, en definitiva, a reglas de humanidad.

No es objeto de esta intervención analizar la evolución del Derecho de Guerra, Derecho de los Conflictos Armados o Derecho Humanitario. Pero sí quisiera señalar que en este proceso fue determinante la aprobación por la Asamblea General de la Declaración Universal de los Derechos Humanos y la posterior Resolución 2444 de 1968 sobre el respeto de los mismos en los Conflictos Armados con la que se consiguió una convergencia entre las normas que regulan los medios y modos de guerra y las que tratan de proteger a las víctimas de los conflictos armados.

Esta materia en modo alguno es ajena a la historia y a la tradición militar española, baste con citar la doctrina sobre la limitación de la guerra y reglamentación de los conflictos armados de la Escuela Española de Derecho Natural representada por Francisco de Vitoria, Baltasar de Ayala, Luis de Molina y Francisco Suarez, entre otros. También cabe citar el Reglamento para el Servicio de Campaña de 1882 (anterior, por tanto, a los Convenios de Ginebra de 1947 y de la Declaración Universal de Derechos Humanos del 48) en el que se dedican 134 artículos al derecho de gentes y Leyes de guerra.

Cabe preguntarse ¿existe alguna herramienta en las operaciones militares, especialmente multinacionales, que facilite el cumplimiento de las normas que regulan los conflictos? Esta herramienta son las Reglas de Enfrentamiento, cuyo uso se ha ido generalizando como una forma de regular el uso de la fuerza por parte de las fuerzas que participan en una operación y de regular el comportamiento de los diferentes contingentes.

En ello ha tenido mucho que ver la mayor sensibilización de la opinión pública que se muestra cada vez más exigente a que las operaciones militares se ajusten con más rigor a los principios del Derecho Humanitario:

—Necesidad militar.

—Proporcionalidad.

—Discriminación entre objetivos civiles y militares.

—Evitar sufrimientos innecesarios.

Todo ello ha llevado a buscar un instrumento con el que regular el uso de la fuerza y de los medios que se emplean para el cumplimiento de una misión. Además se pretende que este instrumento se estandarice lo más posible para que en operaciones multinacionales los diferentes contingentes estén familiarizados con su empleo (Afganistán, Líbano, Somalia, etc.).

Ello se consigue por medio de las Reglas de Enfrentamiento (ROEs) que no son más que unas normas del mando para el legítimo uso de la fuerza. Son las directrices al subordinado dando limitaciones sobre la aplicación de la fuerza para cumplir la misión.

Se redactan por escrito en forma de lista o catálogo y pueden ser modificadas a lo largo de la operación, a fin de que en todo momento se ajusten a las necesidades operativas. Las reglas de enfrentamiento en todo momento deben ajustarse y ser conformes a las leyes internacionales y al ordenamiento nacional.

Tal como las entendemos hoy en día es algo relativamente nuevo, sus primeras manifestaciones ocurren en los años 50, aunque instrucciones y normas a los subordinados han existido en todo tiempo.

España empezó a generalizar su uso al poco de nuestro ingreso en la OTAN y hoy en día no se concibe una operación militar sin reglas de enfrentamiento. De hecho, ya figuran en textos normativos españoles y así vemos como en la Ley 37/2007, de la Carrera Militar, en su artículo 4 al regular las reglas esenciales que definen el comportamiento del militar, se establece «en el empleo legítimo de la fuerza hará un uso gradual y proporcionado de la misma, de acuerdo con las ROE,s. establecidas en las operaciones en las que participe». También encontramos referencias a las reglas de enfrentamiento en las Reales Ordenanzas para las Fuerzas Armadas, aprobadas por RD. 96/2009, que en su artículo 42 prevé que para hacer uso de las armas el militar deberá atenerse estrictamente a la normativa vigente, órdenes recibidas y reglas de enfrentamiento». También en el artículo 84 al tratar del uso legítimo de la fuerza dispone «que se haga de forma gradual y proporcionada, de acuerdo con las ROE,s. establecidas para las operaciones en las que se participe».

En las reglas de enfrentamiento va a resultar siempre de aplicación el principio de mínima fuerza, entendiendo por tal aquella a la que incluye en su caso, la fuerza letal, se limita, atendiendo a consideraciones de necesidad y proporcionalidad, en duración e intensidad, para ajustarse al mínimo estrictamente necesario para cumplir con el cometido marcado.

Son, en definitiva, directivas del Mando con prohibiciones y autorizaciones para el uso legítimo de la fuerza por parte de las fuerzas militares y control de la misma.

Para entender su concepto podemos recurrir a un simil. Piensen en un perro de presa que su dueño lleva como defensa atado con una correa extensible, pues bien, el dueño podrá llevarlo pegado a la pierna con idea únicamente disuasoria, ante un peligro podrá alargar un poco la correa, si el peligro aumenta podrá soltar un poco más de correa hasta liberar totalmente al perro, pero en éste caso será siempre responsable de controlar al perro para que no cause daños y, si los causa, que únicamente sean los pretendidos.

Las ROEs las propone el mando militar pero la aprobación es a nivel político, tanto las iniciales como aquellas modificaciones que sean necesarias a lo largo de la operación.

Por último y retomando el tema de esta intervención sobre la prevención de conflictos, hay que tener en cuenta que prevenir no es gratis, la prevención cuesta dinero y recursos que podrían utilizarse en emergencias más visibles.

En muchos casos, se detectan posibles conflictos en lugares recónditos o muy alejados de lo que consideramos nuestros intereses directos ¿Cómo explicar a la opinión pública que hay que intervenir? La cuestión que a todos los poderes políticos se les plantea es que los costes de la prevención han de pagarse en el presente en tanto que sus beneficios se obtienen en el futuro distante.

Capítulo 3.2.
EL AUDITOR
EN LAS OPERACIONES INTERNACIONALES

Francisco Díaz Corvera
Teniente Coronel Auditor
Asesor Jurídico del MADOC

1. El auditor de guerra

La historia de la humanidad está jalonada de conflictos entre los hombres. A. Cagliani de la Facultad de Historia de Buenos Aires; «En los últimos 5.000 años de la historia de la humanidad solo estuvo 900 años en paz, en los cuales los hombres se preparaban para el conflicto siguiente. Más de 8.000 tratados de paz se han firmado en el transcurso de los últimos 35 siglos. Desde 1.945 hasta finales del siglo XX se disputaron 140 guerras con más de trece millones de muertos».

Históricamente, en todo tiempo y sociedad ha resultado –y resulta— imprescindible la existencia en el seno del Estado de una Institución militar organizada para dirigir la defensa de la Nación frente a un potencial enemigo exterior o interior, habida cuenta de que la guerra resulta un fenómeno social tan antiguo y universal como la sociedad misma, siendo no menos preciso el sometimiento en su organización y funcionamiento a normas de carácter jurídico-legal (como decía el Auditor Baltasar de Ayala en su obra «De Iure Ofici Belici»: «ningún estado por floreciente que sea puede hallar grado alguno de seguridad en las armas sin el Derecho, así como tampoco puede tenerla en el Derecho sin las armas...»).

De entre todas las agrupaciones humanas, han sido y son los Ejércitos los que desde los primeros tiempos han sentido una mayor necesidad de reglamentar su comportamiento y de establecer rígidas normas de conducta con la posibilidad de imponer castigos, para los supuestos en que se produzca su quebrantamiento, y ello por constituir el único medio para poder garantizar su misión: la defensa con el uso de las armas del monarca o de la sociedad a la que servían.

Tales normas legales o reglas han revestido y revisten un doble carácter: el militar propiamente dicho, técnico y profesional, que corresponde a los técnicos del arte de la guerra, y el estrictamente jurídico, que corresponde a los jurisconsultos.

Cuatro siglos contemplan la figura del Auditor en el Ordenamiento Jurídico Militar de España. Su creación se remonta al año 1587 en las «Primeras ordenanzas de Flandes», dadas por Alejandro Farnesio el 13 de mayo de ese año y cuyo prestigio y solera jurídica se han mantenido a lo largo del tiempo, hasta nuestros días.

ALMIRANTE, tratadista militar, lo define como «juez de letras que conoce las causas de fuero militar»; «reflejando también que para decidir y determinar los casos civiles y criminales que se requieren en término y decreto de Ley, deben tener los maestres de campo asesores, que entre nosotros se dicen auditores».

A este mismo tenor D. Sancho de Londoño militar y escritor, cursó estudios en Alcalá de Henares (1515-1569) participó en numerosos conflictos; en su tratado «sobre la forma de reducir la disciplina militar a mejor y antiguo estado», nos dice: «que los maestres de campo deben ser jueces de sus tercios y en nombre de los se deben pronunciar las sentencias, refiriéndose en ellas que se dan con consulta de sus asesores que han de suscribir debajo, con autoridad de notario o escribanos públicos que los auditores deben tener».

El tratadista militar Bartolomé Scarión de Pavía en 1598 en su obra «Doctrina Militar. Obligaciones y advertencias que han de saber y tener todos los que siguen la soldadesca comenzando desde el General hasta el menor soldado por bisoño que sea», afirma: «los auditores de tercios deben ser muy buenos letrados, y para auxiliarles en su oficio el Rey les paga un alguacil y un escribano», y finalmente concluye: «el auditor general debe andar siempre donde va la persona de su general».

Queda pues patente que son los altos jefes militares, doctos en el arte de la guerra, pero legos en materia jurídico-procedimental los que reclaman la presencia del auditor, tanto por la necesidad de verse asistidos en su gran responsabilidad de conciencia como por la precisión de disponer de persona muy versada en la ciencia jurídica.

En las Ordenanzas de Flandes se configura el oficio de auditor como «muy preminente y de mucha importancia porque es la persona sobre la que el Capitán General descarga todos los asuntos de justicia».

Pero la elevada figura del Auditor, aún siendo muchas las expresadas atribuciones de auxiliar y completar la potestad jurídica de los Generales, no se limitaba a eso sólo, sino que también tenían —y tienen— una función asesora de marcado carácter internacionalista pues había que hacer frente al enemigo, no sólo con la fuerza de las armas, sino también con el Derecho y la Justicia.

Esta duplicidad de funciones convierte al Auditor en algo esencial e insustituible para el mando. Por eso, no nos puede sorprender que el mando militar se sintiera «en gran soledad y viviera en gran preocupación» cuando no tenía junto a él a su Auditor, y que fuera el propio Duque de Alba, durante la Campaña de Flandes enviara una carta a Felipe II suplicándole: «Señor mandadme presto un Auditor, que estoy manquísimo sin él».

2. El cuerpo jurídico militar

El Cuerpo Jurídico Militar tal y como lo conocemos tiene su origen en el RD de 22/12/1852 con la creación del denominado Cuerpo de Auditores. Siendo por RD de 19 de octubre de 1866 cuando se creó y reglamentó el denominado Cuerpo Jurídico Militar, considerado como un cuerpo cerrado de funcionarios civiles que presta sus servicios en el seno del Ejército.

La militarización del Cuerpo Jurídico Militar procede del Decreto de 9/abril/1874, siendo Ministro de la Guerra D. Juan de Zavala y de la Puente, General Presidente del Consejo de Ministros, y culmina con la Real Orden de 5/julio/1875, con la aprobación del Reglamento del Cuerpo Jurídico Militar, presentado al Gobierno por D. Fernando Primo de Rivera, Ministro Interino de Guerra (Alfonso XII). En la exposición de motivos del RD del año 1874 se señalaba «la necesidad de que exista un Cuerpo que, reuniendo la ilustración y práctica a la vez en la extensa y variada legislación militar se consagre exclusivamente a aplicarla...» y cuyos principios capitales son la asimilación militar, la absoluta escala cerrada, el ingreso por oposición y los ascensos de grado en grado.

El emblema del Cuerpo Jurídico Militar creado por Orden de 10/octubre/1908, es una composición que consiste en un lictor con alabarda (hacha, su inserción solo le estaba permitida al dictador pero no a los magistrados, implicaba la capacidad para hacer justicia) rodeado por dos ramos de hojas de roble. Fasces o haz de lictores, proveniente del latín *fascis*, era una unión de treinta varas una por cada curia de la antigua Roma, atadas de manera ritual. Varias unidas «la unión hace la fuerza». Las fasces las llevaba el rey de la antigua Roma. Lictor-es: eran funcionarios públicos que se encargaban de escoltar a los magistrados marchando delante de ellos. Eran los portadores simbólicos del *Imperium*, es decir de los derechos y prerrogativas inherentes a una autoridad. El derecho a ser escoltado pasó de los reyes a los magistrados con *Imperium*. Ramas de roble: implica robustez y crecimiento de un tronco derecho y limpio.

Proclamada la II República española se comenzó a acometer por el gobierno provisional una compleja y cautelar reforma del Ejército y de la Jurisdicción Militar, mediante la orden circular de 17 de abril de 1931 se procedió a cambiar las denominaciones de los órganos de la Justicia Militar, se redujo la competencia de la Jurisdicción Militar y se suprimió el máximo órgano representativo de la Justicia Militar, el Consejo Supremo de Guerra y Marina, pasando sus cometidos a la Sala de Justicia Militar del Tribunal Supremo. La variación de mayor importancia, que rompió una tradición secular, consistió en que los Capitanes Generales dejarían de ejercer jurisdicción, pasando esta a las auditorías respectivas. Se modificó también las atribuciones propias del Cuerpo Jurídico.

Otro paso significativo y para proceder a la reorganización del Cuerpo Jurídico y dotarle de nuevo reglamento que se establecía en la Orden Circular de 4 de octubre de 1932 se nombró una Comisión con la finalidad última de desmilitarizar el cuerpo.

La última norma del gobierno de la II República referente al Cuerpo Jurídico fue el decreto de 13 de marzo de 1936 por el que las funciones de la Inspección General de Auditoría pasaron a ser competencia de la sala VI del Tribunal Supremo.

Iniciada la Guerra Civil y por Decreto número 79, de 31 de agosto de 1936, la llamada Junta de Defensa Nacional se apresuró a devolver la jurisdicción castrense a los mandos militares, estableciendo la necesidad de nombrar un Auditor como inspector de todas las Auditorías de Guerra. La Sala Sexta del Tribunal Supremo dejó de ejercer la jurisdicción militar que pasó por Decreto de 24 de octubre de 1936 al llamado Alto Tribunal de justicia Militar, órgano supremo de la Justicia Militar, cuyas atribuciones se fijaron por el Decreto de 17 de febrero de 1937.

El citado órgano jurisdiccional militar quedó suprimido por la Ley de 5 de septiembre de 1939 y sustituido por el Consejo Supremo de Justicia Militar.

El jaDurante el período bélico y de posguerra, se adoptaron algunas medidas de carácter extraordinario con la finalidad de ampliar la plantilla del cuerpo.

Tras finalizar el conflicto armado, y ante la inexistencia de otro reglamento al suspenderse la Comisión nombrada con motivo de la contienda, se confirmó por el nuevo Estado el del año 1920, y en virtud de un Decreto de 29 de septiembre de 1943 quedó integrado el Cuerpo Jurídico Militar del Ejército por cuatro escalas; la tradicional escala activa, la nueva escala complementaria, la de complemento y la honorífica.

El nuevo reglamento orgánico del Cuerpo Jurídico Militar, de larga vigencia, se aprobó por Decreto del ministerio del Ejército de 1 de febrero de 1946.

El Secretario de Justicia, órgano creado por el nuevo Código de Justicia Militar de 17 de julio de 1945, actuaría como una suerte de intermediario entre el Auditor y el Capitán General en los asuntos de justicia, sin que en ningún caso pudiera entrometerse en las funciones de los Auditores, ni dificultar sus relaciones con la Autoridad judicial.

Se llegó a la democracia y la transición política española, en la que se ensayó la búsqueda de una concepción del Ejército más acorde con la nueva sociedad, que quedó definida por la Ley orgánica 6/1980, de 1 de julio, reguladora de los Criterios Básicos de la Defensa Nacional y Organización Militar, posteriormente reformada por otra Ley Orgánica 1/1984, de 5 de enero; en la que se establecía por su artículo 28, párrafo segundo, que se tendería a unificar todos los servicios cuyas misiones no fueran exclusivas de un solo Ejército, con la finalidad de permitir el funcionamiento conjunto con criterios de eficacia y economía de medios. La publicación del nuevo Código Penal Militar por Ley de 9 de diciembre de 1985, y de la Ley Orgánica de Competencia y Organización de la Jurisdicción Militar de 15 de julio de 1987, en las que se establecía un nuevo modelo de jurisdicción militar más restringido y acorde con el mandato dado por la nueva Constitución de 1978, cuyo artículo 117 la limitada al «... ámbito estrictamente castrense»; hizo que quedara el ejercicio de la Justicia Militar de los Ejércitos de Tierra, Armada y Ejército del Aire, y dejando fuera de ella a los mandos militares a los que tradicionalmente se les había concedido – salvo durante un muy breve período de la II República –; ello hizo necesaria la unificación de los Cuerpos Jurídicos señalada ya por la Disposición Adicional Cuarta de la ley Orgánica 4/1987, para lograr el mejor funcionamiento de los Tribunales Militares y de los Juzgados Togados Militares Centrales y Territoriales que creaba y que deberían de comenzar a ejercer sus funciones el 1 de mayo de 1988.

3. El auditor en misiones internacionales

Desde que en enero de 1989 el Gobierno español autorizara la participación de las FAS en operaciones en el exterior, han sido más de 120.000 los militares españoles que han estado presentes bien como observadores, fuerzas de interposición, mantenimiento de la paz o prestando ayuda humanitaria en lugares como Bosnia, Kosovo, Afganistán, Chad, Somalia, Iraq, Líbano, Libia, República Democrática del Congo, Pakistán, Países Sudamericanos, etc.; unas veces habiendo participado en operaciones bajo mandato de la Organización de Naciones Unidas, Organización del Tratado del Atlántico Norte o la Unión Europea.

En la actualidad, alrededor de 2.500 militares ente hombres y mujeres son los que se encuentran en misiones en el exterior, siendo las de Afganistán y Líbano las que agrupan un mayor número de militares españoles.

Desde entonces la mayor pérdida ha sido la de más 100 vidas humanas las que en cumplimiento del deber, virtud militar por excelencia, han entregado su vida llevando a cabo la máxima expresión de lo dispuesto en el artículo 3 de nuestras Reales Ordenanzas (RD 96/09) «la disposición permanente... incluso con la entrega de la vida cuando fuera necesario».

No obstante, en el apartado de recompensas cabe decir que en más de 20 años de operaciones en el exterior, nunca el gobierno de España ha recibido una denuncia por la actuación de nuestros hombres y mujeres más allá de nuestras fronteras y ello, fundamentalmente debido al riguroso y exacto cumplimiento de la normativa internacional e interna nacional que nos vincula y obliga.

En cada una de esas misiones en el exterior, el General Jefe del Contingente estuvo asistido por un miembro del Cuerpo Jurídico Militar como asesor jurídico del mismo y de su Estado Mayor en las materias legales que afecten a la operación, siendo necesaria su participación y precisa su labor, no solo durante la conducción de las operaciones, sino durante su planeamiento, comprobando que la operación se ajusta al SOFA —acuerdo sobre el Estatuto de la Fuerza— y a las ROES —reglas de enfrentamiento—.

Todas las operaciones en el exterior se fundamentan en sendas resoluciones del Secretario General de NNUU —Consejo de Seguridad—.

Actualmente se utiliza más en nombre genérico de conflicto armado incluso hoy en día se habla de guerras asimétricas no convencionales —no hay declaración formal de guerra entre estados— pero tanto en la guerra como en el conflicto armado, la actuación de las FAS españolas se ajustarán a la legalidad, así deberán ser tenidas en cuenta;

1. El Derecho de los Conflictos Armados, incluyendo Derecho Internacional Humanitario o Derecho de la Guerra.
2. La normativa de NNUU.
3. Normas de carácter específico para cada operación.

Destacando el SOFA, que es el instrumento legal que garantiza el status del contingente de una operación en el país/es anfitriones. El SOFA es certificado, por las partes implicadas en la misión, NNUU, el país anfitrión y las naciones que contribuyen con fuerzas militares. Proporciona el marco jurídico de la fuerza y de sus miembros durante la operación y abre aspectos tan importantes como la jurisdicción, privilegios e inmunidades de la Fuerza y de sus componentes, libertad de movimientos, y resolución de controversias entre las partes.

Las ROES regulan los procedimientos y situaciones en que está permitido el empleo de la fuerza letal. Afecta a todos los escalones de mando, desde el Comandante Jefe de la Operación hasta el último soldado. Las hay específicas para cada Ejército, como para cada operación, y están fijadas por el máximo nivel político que aprueba su uso o prohibición.

Cada soldado lleva una tarjeta resumen donde se describen las situaciones en que puede hacer uso de su arma. No obstante cada gobierno puede establecer objeciones (CAVEATS) que no son más que limitaciones a las ROES establecidas para una operación en concreto en virtud de la normativa nacional interna del país participante en la operación. Así un país puede tener un mayor amplio margen de maniobrabilidad en el uso de la fuerza.

La actuación de los soldados españoles en el exterior se produce siempre en el marco o entorno de una denominada «operación de paz», por tanto nuestra entidad es la de carácter defensivo; es decir nuestras acciones solo responden en caso de o como respuesta a amenazas concretas.

De ahí, que al Jefe de la Fuerza Militar se le pueda encomendar múltiples competencias —funciones de gobierno, judicial, economía, orden público, servicios públicos etc.— que pueden ser ejercidas de una manera directa —con medios y procedimientos militares— o bien, de un modo indirecto colaborando con las autoridades territoriales y, en ocasiones, supervisando la actividad de las autoridades locales.

Por todo ello resulta relevante la figura y el cometido del Asesor Jurídico del Mando Militar, por la compleja y numerosa legislación que se ha de manejar en una misión en el exterior a las que hay que añadir la documentación propia de la operación – OPLAN – SUPLAN – OPORDS – FRAGOS y SOP'S – (en general órdenes de operaciones y procedimientos operativos) y por supuesto, la normativa jurídica nacional desde la Constitución Española hasta las Leyes y Reglamentes de tipo penal y civil, y normativa propia militar.

La actuación del asesor jurídico se inicia en las fases de concentración previa a la llegada a la zona de operaciones, fase conocida como de instrucción y adiestramiento, donde se reciben e imparten las enseñanzas necesarias y suficientes para poder aplicar los procedimientos permitidos en las situaciones en que han de verse inmersos.

Resulta fundamental la intervención del Asesor Jurídico en temas disciplinarios y de justicia con el personal militar de la Fuerza, asistiendo al General Jefe del Contingente, en quien reside la potestad disciplinaria, teniendo una especial responsabilidad en la supervisión, seguimiento y control de los procedimientos a seguir, asesorando al Jefe sobre todos los sistemas legales en Zona de Operaciones, desde la imposición de sanciones disciplinarias, repatriación, redacción de contratos y convenios, contratación de personal civil, resolución de reclamaciones patrimoniales por daños causados por la Fuerza, redacción de documentos relativos a importación hasta relación directa con autoridades judiciales de la zona, prestando apoyo y consejo en materia de restablecimiento judicial y, en definitiva, como decíamos al principio y reproduciendo palabras del tratadista militar Escarión, «andar siempre donde va la persona de su General».

4. Competencias y potestades del General Jefe del Contingente

Ostenta la potestad disciplinaria.

—*Comisión de faltas leves*

Imposición de faltas leves, arrestos sin perjuicio de participar en las actividades de la Unidad.

Igualmente los Jefes (subordinados) de Unidades, pueden imponer sanciones por faltas leves que son susceptibles de recurso ante el General Jefe del Contingente.

Los contingentes y unidades que desarrollan una misión en el exterior, están sujetos a la normativa interna de su país LORD (FAS) 8/98 de 2 de diciembre.

—*Comisión de faltas graves*

Igualmente ante la comisión de faltas graves, el General Jefe está obligado a tramitar el correspondiente parte al EMAD (MOPS) que es la autoridad competente para formular la orden de proceder y la instrucción del oportuno expediente disciplinario. La instrucción no se lleva en ZO. La comisión de falta grave sancionada con arresto hasta 2 meses en Establecimiento Disciplinario Militar implica la repatriación del encartado. Supone una pérdida de confianza para el Jefe del Contingente y por tanto una manifiesta idoneidad para el cumplimiento de la misión. Infringe 2 bienes jurídicos protegidos diferentes. Toda la tramitación se lleva en la demarcación territorial de su Unidad de origen en TN bajo la potestad de una de las Autoridades Militares prevista en el artículo 27 LORDFAS. No existe por tanto infracción del principio «non bis in idem».

—*Comisión de delitos*

Ante la comisión de delitos la LO 4/87 de 15 de julio de Competencia y Organización de la Jurisdicción Militar establece la forma de proceder en caso de que un Jefe de Unidad tenga conocimiento de la comisión de un delito competencia de la Jurisdicción Militar, su obligación es comunicarlo, por el medio más rápido posible al Juzgado Togado Militar correspondiente y (en el caso que nos ocupa) nombrar un Oficial asistido de secretario para que incoe el correspondiente atestado sin perjuicio de las facultades disciplinarias que le correspondan.

El atestado se limitará a practicar las primeras diligencias de averiguación del delito, del culpable, detención, levantamiento de cadáveres, con asistencia facultativa, si es posible, solicitud de autopsia si procede, asistencia, recogida de efectos personales, instrumentos o pruebas del delito.

Esta instrucción la lleva a cabo el Asesor Jurídico asistido como secretario por un miembro de la GC, normalmente, que también forman parte del Contingente. Recordemos que la GC por su doble función puede desarrollar las propias de Policía Judicial. Los artículos 115 y 116 de la LOCOJM, regula la prevención de los procedimientos.

La LO 2/86 de 13 de marzo de FCSE en sus artículos 9 y 11, en relación con el 282 y 288 de la LECRIM atribuye a la Guardia Civil el carácter de policía judicial, otorgándole la LODN el carácter militar y dependencia del MINISDEF en las misiones de carácter militar en las que participe.

—*Atentados*

En los supuestos de atentados terroristas LO 6/85 de 1 de julio del Poder Judicial atribuye a la Jurisdicción española el conocimiento de los delitos y faltas, y entre otros los hechos cometidos por españoles o extranjeros fuera del territorio nacional susceptibles de ser calificados, según la ley española, entre otros como terrorismo. Se ejerce una «vis atractiva». En este supuesto la competencia viene atribuida a la Audiencia Nacional.

En la práctica, se crea una comisión, en la que participa el Asesor Jurídico, secciones de Estado Mayor, Sanidad y Guardia Civil y se llevan a cabo los atestados correspondientes a la prevención de procedimientos que terminará en la Audiencia Nacional, quién podrá ordenar que se amplíen loas ya practicadas o se lleven a cabo otras nuevas.

En los casos de fallecimiento existe la NOP (norma operativa que establece el protocolo a seguir de manera rigurosa) en este supuesto en el que también se crea la comisión correspondiente el Asesor Jurídico hace las veces de Juez instructor en lo que se refiere a levantamiento de cadáver, autopsia, identificación, recogida e inventario de efectos, aseguramiento de las condiciones de cerramiento y lacrado del féretro y remisión de todo el atestado a MPOS, y su derivación pertinente al Juzgado Togado Militar Territorial.

Podemos decir que la pérdida de vidas de nuestros hombres y mujeres miembros del Ejército ha sido causada motivada por diversas causas siendo el mayor porcentaje el correspondiente a accidentes aéreos, en menor medida víctimas de ataques, accidentes de tráfico, causas naturales y disparos accidentales.

Situaciones dignas de mención:

—20 de noviembre de 2003. Iraq. Siete miembros del CNI producto de una emboscada mueren en Latifiya.

—16 de agosto de 2005. Diecisiete militares fallecidos en Afganistán al estrellarse un helicóptero cerca de Herat.

—La primera mujer fallecida fue Idoia Rodríguez Bujan, al estallar una mina al paso de su convoy en Shindad en febrero de 2007.

—24 de junio de 2006. Líbano. Seis soldados españoles fallecen al explosionar un artefacto al paso de su vehículo.

Las primeras bajas de militares españoles se producen en Bosnia (Mostard), el 2 de junio de 1993, causadas por francotiradores. Asimismo en 1993 un sargento y tres paracaidistas mueren al volcar su BMR en el rio Neretva.

El año más sangriento fue el pasado 2009 con 591 bajas de militares en operaciones en el exterior, ocurriendo casi la totalidad de ellas en la misión de ISAF en Afganistán.

Esta misión, desde su inicio ha causado más de 2.300 bajas.

Desde aquí nuestro más sentido y reconocido recuerdo a todos los hombres y mujeres que en el cumplimiento del deber entregaron su vida por España.

La misión y función del Auditor en TN y en ZO antes y ahora es fundamental para el adecuado cumplimiento de las misiones encomendadas a las Fuerzas Armadas españolas a través del mandato constitucional.

Bibliografía utilizada

PASCUAL SARRÍA, Francisco Luis. «El cuerpo jurídico militar español», *Revista Española de Derecho Militar*. 72 1998.

Capítulo 3.3.
LAS FUERZAS ARMADAS Y SU PAPEL EN LAS CRISIS INTERNACIONALES ACTUALES

Carlos Aurelio Busto Saiz
Coronel del Ejército de Tierra
Jefe de la Sección de Asuntos internacionales del MADOC

Permítanme que me dirija a ustedes con la intención de proporcionarles una visión de lo que representa el papel de nuestras Fuerzas Armadas (FA,s.) en el ámbito de la seguridad y defensa colectiva y más concretamente en su participación y colaboración en la resolución de los conflictos y en la gestión de crisis de carácter internacional.

Creo que es un acierto que la Dirección de estas Jornadas sobre el Derecho Militar Español haya dedicado una de sus conferencias a darles a conocer cuál es el marco y el ambiente donde se desarrollan con más intensidad, esfuerzo y riesgo, la acción militar actual de nuestros Ejércitos, que no es otra, sino la de su actuación en cualquier región del Mundo en aras de la paz, la estabilidad y seguridad internacional.

Hecha esta somera introducción, me dedicaré de lleno en el contenido de las ideas que quiero transmitirles.

Empezaré comentando que, como es evidente, el «Papel de las Fuerzas Armadas Españolas en las crisis internacionales actuales», título de esta conferencia, está íntimamente vinculado a la misión que tanto la Constitución como el resto de la legislación española otorga a las FA,s.

El Art. 8 de nuestra reza que: Las *Fuerzas Armadas, constituidas por el Ejército de Tierra, la Armada y el Ejército del Aire, tienen como misión garantizar la soberanía e independencia de España, defender su integridad territorial y el ordenamiento constitucional.*

Posteriores normativas de rango de ley tales como la las Ley; Orgánica 5/2005 de la Defensa Nacional amplían esta responsabilidad a contribuir militarmente a la protección del Territorio, ciudadanos e intereses nacionales, a la seguridad colectiva de nuestros aliados, así como a la paz y la seguridad internacionales y aquellas acciones de ayuda humanitaria que sean necesarias.

Dicho esto, la pregunta que nos podemos plantear a continuación podría ser: ¿A contribuir a la seguridad internacional .o a preservar la seguridad y bienestar de los ciudadanos ¿frente a qué?, ¿frente a quien? Cuales son realmente los riesgos y amenazas a los que debemos enfrentarnos? ¿Quién son los actores contra los que debemos protegernos?

En la actualidad, en el planeta hay más de 50 conflictos armados, muchos de ellos en pleno fervor y otros muchos durmientes como un volcán, pero que pueden reavivarse en cualquier momento. En otros casos existen unas relaciones tan tensas entre las partes implicada que la situación puede derivar rápidamente en crisis violentas de diferente magnitud y de impredecibles y distintos resultados.

Pero además de todo esto, hay intereses vitales cuyo normal funcionamiento son esenciales para la estabilidad y el orden mundial, como por ejemplo la explotación y transporte de recursos energéticos cuya situación puede quebrarse en cualquier momento y cuyo resultado, evidentemente, trastocaría el orden y la economía mundial y por supuesto, en el ejemplo dado, la vida normal de todos los ciudadanos.

En otro orden de cosas, permítanme que brevemente les explique una visión del conflicto en la actualidad.

Todo conflicto o crisis puede presentar tres fases o momentos diferentes de realidad; diferentes pero íntimamente relacionados. Donde vean conflicto, lean también crisis, tensiones, guerra, o lo que ustedes estimen.

La más importante de estas situaciones, sin duda alguna, es el propio desarrollo del conflicto en sí, en el que normalmente se acude al empleo de la violencia armada en su mayor exponente. En muchos casos, una actuación previa al conflicto con oportunidad y éxito puede evitar la explosión del mismo. Por último a nadie se le escapa que el comienzo y el final no son claros y concretos, sino distorsionados, difusos. Después de un conflicto armado existen numerosas secuelas y factores que hay que ir gestionando y se ve la necesidad de identificar y apoyar estructuras que tiendan a reforzar y asegurar la paz, con el fin de evitar una reanudación del conflicto. Consolidar la paz requiere restablecer las instituciones que hagan posible asegurar una situación de confianza y bienestar entre las partes del conflicto.

Ciñéndonos a las actuales misiones que ustedes conocerán como «Misiones u Operaciones de Paz», tres son los tipos genéricos:

—Operaciones de prevención de conflictos,
—Operaciones de mantenimiento de la paz,
—Operaciones de consolidación de la paz

En la práctica es difícil diferenciar donde empieza una operación de este tipo y donde acaba otra, ya que los distintos tipos de estas operaciones pueden estar vinculadas entre sí o darse con carácter aislado. Junto a este tipo de operaciones existen otras denominadas «Operaciones de imposición de la paz» que pueden ser consideradas operaciones bélicas y que se llevan a cabo según los principios clásicos definidos para ellas.

Por otro lado, la participación de las Fuerzas Armadas puede sentirse necesaria en diversos espectros del conflicto que van desde una actuación en ambiente de paz originada por ejemplo en una catástrofe natural a una actuación de plena guerra convencional. Y para todo este aspecto de conflicto, de carácter internacional como hemos dicho, tienen que estar preparadas nuestras FA,s. Y esto no es fácil.

En la actualidad los conflictos tienen un marcado carácter multinacional e internacional. Aceptado este carácter internacional y por lo tanto la participación de nuestros Ejércitos fuera de nuestras fronteras, ¿qué requisitos deben cumplirse para su actuación?

El papel de las FAS españolas en las crisis internacionales responde a lo fijado en la Directiva de Defensa Nacional 01/2008

(El Gobierno ha expresado su deseo de elaborar una nueva a la mayor brevedad), que determina que:

En el ámbito internacional, en primer lugar, España prestará una aportación substantiva a las operaciones de apoyo a la paz y de ayuda humanitaria que promueva la ONU: UNIFIL, observadores militares (MILOBs), etc

En segundo lugar, contribuir a impulsar la Política Europea de Seguridad y Defensa, con lo que somos uno de los principales contribuyentes de militares a las operaciones militares y misiones de la **UE**: Althea en BiH, Atalanta, EUTM Somalia, etc.

En tercer lugar, menciona a la OTAN de un modo muy «particular» (ISAF, ,,,)

Normalmente actuaremos bajo el mandato de una resolución de la ONU o de la OSCE, a través de las capacidades militares de la OTAN o de la UE

La Política de Defensa española determina que «Manteniendo la capacidad defensiva propia, se asume la defensa colectiva y la seguridad compartida como parte esencial del sistema de defensa del que somos beneficiarios gracias a nuestros socios y aliados y, a la vez, promotores, buscando de forma decidida, además de garantizar la defensa de España, promover la paz, la seguridad y la estabilidad internacional.

Las Fuerzas Armadas quedan consolidadas como elemento relevante de la acción exterior del Estado. Su empleo en el exterior se enmarcará en un multilateralismo efectivo, un absoluto respeto a la legalidad internacional (decisión previa de la ONU u otra organización de la que formemos parte) y en la participación activa del Parlamento.

Ahora bien ¿Qué condiciones deben cumplir esas operaciones en el exterior que no respondan a la defensa de España o al interés nacional para poder ser autorizadas?

Tres ideas:

1. Buen origen
2. Buen fin
3. Buena esencia

Buen origen quiere decir, que se realicen por petición expresa del Gobierno del Estado en cuyo territorio se desarrollen o estén autorizadas en Resoluciones del Consejo de Seguridad de las Naciones Unidas o acordadas, en su caso, por organizaciones internacionales de las que España forme parte, particularmente la Unión Europea o la Organización del Tratado del Atlántico Norte (OTAN),

Buen fin quiere decir que cumplan con los fines defensivos, humanitarios, de estabilización o de mantenimiento y preservación de la paz, previstos y ordenados por las mencionadas organizaciones

Buena esencia quiere decir: que sean conformes con la Carta de las Naciones Unidas y que no contradigan o vulneren los principios del derecho internacional convencional que España ha incorporado a su ordenamiento, de conformidad con el artículo 96.1 de la Constitución.

La participación en operaciones en el exterior no directamente relacionadas con la defensa de España o el interés nacional, requieren un control parlamentario, materializado en una consulta y aprobación por parte del Parlamento, que representan la soberanía nacional. Las Cortes Generales tienen por tanto un gran protagonismo en la decisión de enviar tropas al exterior.

Ahora bien, quedan fuera de la preceptiva consulta previa y autorización las operaciones en el exterior que estén directamente relacionadas con la defensa de España o con el interés nacional.

La ley vigente determina literalmente:

> Para ordenar operaciones en el exterior que no estén directamente relacionadas con la defensa de España o del interés nacional, el Gobierno realizará una consulta previa y recabará la autorización del Congreso de los Diputados.

Además, dos salvaguardas:

Literalmente: «En las misiones en el exterior que, de acuerdo con compromisos internacionales, requieran una respuesta rápida o inmediata a determinadas situaciones, los trámites de consulta previa y autorización se realizarán mediante procedimientos de urgencia que permitan cumplir con dichos compromisos.

»En los supuestos previstos en el apartado anterior, cuando por razones de máxima urgencia no fuera posible realizar la consulta previa, el Gobierno someterá al Congreso de los Diputados lo antes posible la decisión que haya adoptado para la ratificación, en su caso.

Vista, bajo qué condiciones de empleo la Nación emplea a sus Fuerzas Armadas en el exterior, volvamos al campo conceptual de las operaciones militares:

Una novedad importante, tomada de la visión doctrinal Aliada (OTAN), es la clasificación que se hace de las campañas en función de la operación principal dominante y de las condiciones generales que existan en el teatro/zona de operaciones. Esta clasificación permite establecer que cada tipo de campaña requerirá enfoques, tipos de fuerzas, estructuras y medidas de protección distintos, un dimensionamiento adecuado de los recursos logísticos, y diferentes reglas de enfrentamiento y principios para la aplicación de la fuerza.

De este modo se distinguen seis tipos de campaña u operación principal:

- La cooperación multinacional militar en tiempo de paz.
- Apoyo a autoridades civiles en territorio nacional.
- Las operaciones de apoyo a la paz.
- Las operaciones de estabilización.
- El combate generalizado.
- La intervención limitada.

Simplemente las menciono para que tengan somero conocimiento de ello. Les quiero hacer mención en que en cada una de estas operaciones, el tipo de acción a utilizar será diferente, dominando en unos casos acciones de apoyo y en otros, el empleo de la fuerza militar con toda su potencia.

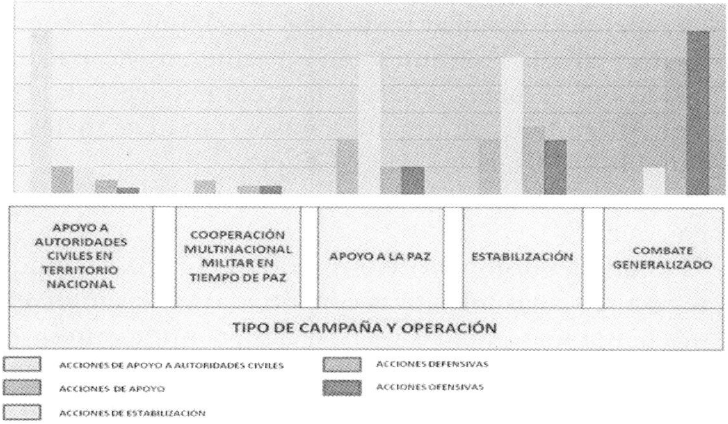

El nuevo escenario estratégico internacional está condicionado por la existencia de riesgos y amenazas, algunos de gran antigüedad y otros de reciente presencia. Podrimos destacar los que aparecen en el siguiente cuadro:

- Conflictos armados
- Terrorismo
- Vulnerabilidad energética
- Proliferación ADM
- Ciberamenazas
- Flujos migratorios no controlados

Teniendo en cuenta estas nuevas amenazas, las ideas que hoy en día marcan las pautas de actuación y empleo de las Fuerzas Armadas son los siguientes:

—La superioridad militar tradicional no garantiza la seguridad.
—Es necesaria la concentración de esfuerzos y capacidades, por lo que se hace necesaria la acción concertada de países y sobre todo de organizaciones supranacionales, tales como la OTAN, la UE, la OSCE, etc.
—Se debe actuar con el máximo respeto a la legalidad internacional.
—El Multilateralismo ha demostrado su eficacia Es importante recurrir a las iniciativas concertadas y a las intervenciones tempranas, rápidas y, en su caso, contundentes.
—Necesidad transformación permanente de las FAS que deben ser capaces de adaptarse a las circunstancias de la amenaza, momento y modo de actuar por los actores de riesgo.

Por último y antes de entrar de plano en la participación española en la gestión de conflictos internacionales, déjenme que les recuerde cuales son para nuestra Nación las áreas de interés, desde la óptica de la seguridad y la defensa:

Áreas de interés: (por orden de importancia)
Europa: interés prioritario; España realiza un esfuerzo en la promoción de la Política Europea de Seguridad y Defensa.
Mediterráneo: interés especial; España tratara de impulsar el diálogo y la cooperación (bilateral y multilateral) con países del Mediterráneo.
OTAN., como referente máximo de defensa compartida, «Europa fuerte refuerza OTAN». La Constitución Europea lo dice: La OTAN, para los países que a ella pertenecen, sigue siendo la base (la fundación) de la defensa colectiva y el foro para su puesta en práctica.
EE.UU., con lo que se quiere mantener una relación especial sobre el Diálogo, la Lealtad y la Confianza y respeto recíprocos.
Iberoamérica, Área preferente. España trata de intensificar sus relaciones en los campos de las actividades bilaterales, la cooperación militar y el apoyo a las iniciativas regionales de paz y colaboración

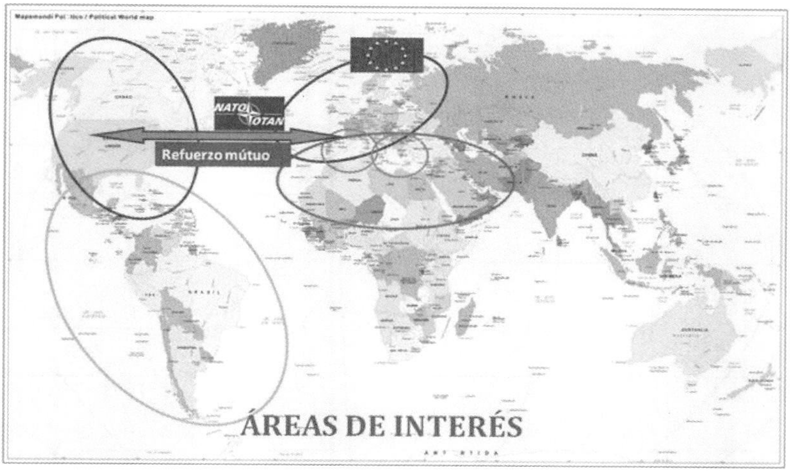

Dicho esto, doy por finalizado un primer bloque en el que he intentado darles a conocer algunos conceptos o ideas sobre conflictos, amenazas, operaciones militares y cuál es la óptica española sobre la defensa colectiva y la participación en misiones internacionales.

Paso ahora a un segundo bloque de la conferencia en el que relacionaré de manera muy general, cual es la historia y el presente de la participación de las Fuerzas Armadas españolas en la gestión de conflictos de carácter internacional.

Desde 1989, las Fuerzas Armadas Españolas han participado en cerca de cincuenta misiones en el exterior, incluyendo operaciones bélicas, de ayuda humanitaria, misiones de observadores o misiones de apoyo a la paz. Dichas misiones se han llevado a cabo en el ámbito nacional o junto a nuestros aliados, ya sea de forma multilateral o a través de las organizaciones internacionales de seguridad y defensa.

EL Ejército de Tierra participó inicialmente en 1989 mediante observadores (Angola 1989-1993. Misiones UNAVEM) y a partir de 1991 empezó a hacerlo con unidades (Irak / Operación Provide Comfort), coincidiendo con las profundas transformaciones que sufría el escenario internacional y con el empleo de las Fuerzas Armadas como un importante instrumento de la política exterior de España para la gestión de crisis.

Sobre la imagen siguiente pueden ver las misiones en las que ha participado España desde 1989 y que ya han finalizado.

No entro a comentarlas por falta de tiempo y me centraré y haré referencia a las operaciones en las que España participa en la actualidad. (marzo 2012)

Haré referencia a cada una de ellas, y ya les adelanto sobre la imagen siguiente cuales son:

De un total de 7 operaciones podemos identificar 2 bajo liderazgo de la OTAN (Afganistán, Active Endeavour,), 3 bajo la dirección de la UE (Bosnia, EUTM Somalia y Atalanta), una bajo las Naciones Unidas (Líbano) y, finalmente, una operación exclusivamente nacional en el área de las Islas Canarias.

Actualmente, nuestras tropas están desplegadas en Bosnia, Afganistán, Libano, Somalia y Uganda. Alrededor de 3000 personas, en cuatro escenarios muy distantes entre sí y el territorio nacional y observadores en países como en Congo y la Antigua Yugoslavia.

Históricamente, 130.000 militares han desplegado en los pasados 20 años, cuando España empezó a participar de forma permanente en las operaciones internacionales.

Pasaré a describir ahora las principales características de las operaciones señaladas, agrupadas por la Organización internacional que las lidera.

BAJO MANDATO ONU:

LIBANO. **(Op. *Libre Hidalgo*, inserta en UNIFIL)**

La Resolución 1701 del Consejo de Seguridad de Naciones Unidas constituye el marco de referencia de la nueva UNIFIL, reforzada tras el conflicto de 2006, en el que las Unidades de Cascos Azules no pudieron impedir que el sur del Líbano se convirtiera en un campo de batalla, llegando incluso a sufrir algunas bajas entre sus filas.

La implementación de los aspectos militares reflejados en la Resolución, constituye la misión principal de UNIFIL, pudiendo resumirse en los siguientes puntos:

—Vigilar el cese de hostilidades, acompañar y apoyar a las Fuerzas Armadas libanesas a medida que se despliegan en todo el sur, incluso a lo largo de la Línea Azul, mientras Israel retira sus Fuerzas Armadas del Líbano (en coordinación con el Gobierno del Líbano y el de Israel).

—Asegurar el acceso de ayuda humanitaria a la población civil y el regreso voluntario y en condiciones de seguridad de las personas desplazadas.

—Asistir a las Fuerzas Armadas libanesas para que hagan respetar la Línea Azul y establezcan entre dicha línea y el río Litani una zona libre de todo personal armado, bienes y armas, excepto las del Gobierno de Líbano y UNIFIL, colaborar para impedir el contrabando de armas y apoyar —si así lo solicita el Gobierno libanés— a asegurar sus fronteras.

—Además, autoriza al UNIFIL a tomar las medidas necesarias para asegurarse de que su zona de operaciones no sea utilizada para llevar a cabo actividades hostiles de ningún tipo, a que resista los intentos de impedirle por medios coercitivos cumplir su misión y que vele por la seguridad de las personas de Naciones Unidas y trabajadores humanitarios.

En enero de 2010, un General de División español está al mando de UNIFIL siendo el Jefe de Misión y Comandante de la Fuerza.

UNIFIL cuenta con un componente terrestre, organizado en dos Sectores Multinacionales (Este y Oeste), al mando de un General de Brigada, liderados por España e Italia respectivamente, y otro naval. De junio de 2008 a febrero de 2009, mientras la Fuerza Marítima Europea lideró el componente naval de UNIFIL, España aportó un patrullero de altura. Desde entonces, no hay ningún buque de la Armada participando en la Operación.

El Cuartel General de UNIFIL se encuentra en la localidad de Naqoura, próximo a la frontera con Israel.

De un total de 35 naciones contribuyentes a UNIFIL (casi doce mil efectivos), España aporta el cuarto contingente de mayor entidad, tras Italia, Francia e Indonesia. La mayor parte de los militares españoles actualmente desplegados con carácter permanente se encuadran en el Sector Este, con el Cuartel General en la Base Miguel de Cervantes (Marjayoun – Ebel es Saqi).

BAJO MANDATO DE LA UE:

BOSNIA (***Operación Althea***)

La Operación Militar de la Unión Europea «ALTHEA» es heredera, desde finales de diciembre de 2.004, de las anteriores operaciones de Naciones Unidas (UNPROFOR) y de la OTAN (IFOR «Implentation Force», SFOR «Stabilization Force»). La fuerza internacional participante en la operación ALTHEA recibe el nombre de EUFOR.

La entidad de las diferentes fuerzas multinacionales (UNPROFOR, IFOR, SFOR, EUFOR), ha evolucionado desde el comienzo de la operación en un proceso continuo de reducción, desde los 60.000 militares iniciales hasta la 1.950 actuales.

La participación actual española incluye:

—El MTT situado en TRAVNIK, que se dedica a asesorar al Mando de Doctrina de las FAS de B H sobre adiestramiento y doctrina de acuerdo con los parámetros de la OTAN. Este contingente (10 hombres) es aportado en su totalidad por el MADOC del Ejército de Tierra con sede en Granada.

—Personal integrado en los dos HQ, EUFOR y NATO, pendiente de reconfigurar según evolucione la situación.

—La cadena de mando multinacional establecida para el mando y control de las fuerzas anteriormente citadas se apoya en la estructura OTAN. (Acuerdo Berlín Plus) Su despliegue general es el siguiente:

Nivel Estratégico-Militar: Deputy SACEUR (Cuartel General en SHAPE, Mons) como Comandante de la Operación **(EU OP CDR.)**

Nivel Operacional: Célula de coordinación de la U.E. **(EUCE)**, establecida en el Cuartel General del JFC-Napoles. (AFSOUTH, Nápoles).

Nivel Táctico: Jefe de la Fuerza de la UE (**COMEUFOR**) en Sarajevo.

GOLFO DE ADEN / OCEANO INDICO (***Op. Atalanta***)

El Consejo de Ministros del 19 de septiembre de 2008 acordó la participación de un Contingente español en la zona de Somalia, compuesto por un máximo de ochenta y siete (87) efectivos para operar un avión de patrulla marítima «P-3», dando inicio así a una operación de carácter nacional Centinela Indico, de seguridad contra la piratería a los pesqueros españoles, y que se extendió hasta el 23 de enero del año 2009, momento en el que fue lanzada la actual Operación Atalanta en el seno de la Unión Europea.

Una de las características de esta operación es la enorme extensión de sus espacios marítimos. De hecho, la distancia entre Yibuti y el este de la Cuenca de Somalia es equivalente a la distancia entre Mallorca y Atenas, mientras que, de norte a sur, la distancia que abarca la zona de operaciones es igual a la que separa Islandia de Cádiz. Es por ello que resulta prácticamente imposible garantizar la seguridad del tráfico marítimo en la zona con los medios disponibles.

La zona de operaciones de Atalanta se divide en dos áreas claramente diferenciadas: el Golfo de Adén y la cuenca de Somalia.

El Golfo de Adén es uno de los mayores puntos focales de tráfico marítimo del mundo. Para facilitar la protección de este tráfico se ha establecido un corredor de tránsito recomendado, que constituye uno de los objetivos de los buques y aeronaves de Atalanta

La participación española consta de un destacamento aerotáctico con un avión MPA, desplegado en DJibouti y, al menos, un buque. Esta misión es la primera operación marítima de la UE que se realiza en el marco de la Política Europea de Seguridad y Defensa (PESD).

El secuestro, en abril de 2008, del pesquero 'Playa de Bakio', puso de manifiesto que el problema de la piratería en Somalia era, no sólo una amenaza para la seguridad marítima internacional, sino también para los intereses nacionales en la zona, representados por la actividad pesquera de la flota atunera española en el Índico.

De un total de 1980 efectivos, la aportación española es de 395 militares repartidos en una fragata, un patrullero y el destacamento aéreo 'Orión' desplegado en Yibuti, siendo el segundo aportado de fuerzas país por detrás de Francia.

Somalia-Uganda **(EUTM)**

Tras casi dos décadas de guerra civil y con el fin de estabilizar la región y ayudar a la resolución del conflicto en Somalia, el Gobierno Federal de Transición (GFT) y la Alianza para la Re-Liberación, junto con la ONU, firman el Acuerdo de Djibouti (09/06/2008).

Por este acuerdo, firmado también por diversos países y organizaciones internacionales en calidad de observadores, ambas partes se comprometían a finalizar el conflicto y restaurar la confianza mutua.

Las Naciones Unidas, mediante la Resolución 1872/2009 del Consejo de Seguridad, reconocían la situación de inestabilidad en Somalia. En dicha resolución, la ONU incidía en la importancia de reforzar la preparación de sus Fuerzas de Seguridad, mejorando su adiestramiento y equipamiento, como factores de vital importancia para la consecución de la estabilidad y seguridad en dicho país. Para ello, urgía a la comunidad internacional a proporcionar asistencia técnica a las Fuerzas de Seguridad de Somalia.

Sobre estas bases, y con el fin de promover la paz y el desarrollo en Somalia, la Unión Europea (UE), a través del Consejo, consideró la posibilidad de contribuir a los esfuerzos internacionales para promover la paz, el desarrollo y la seguridad en dicho país.

España, en su intención de tener un papel destacado en la lucha contra la piratería, se ofreció a liderar esta misión durante la reunión de ministros de Defensa de la UE que tuvo lugar en Bruselas el 17 de noviembre de 2009.

El Consejo de Asuntos Exteriores de la UE, en su reunión del 25 de enero de 2010, acordó crear una misión militar para contribuir al adiestramiento de las fuerzas de seguridad de Somalia y la necesidad de una total aplicación del Acuerdo de Djibouti (19/08/2008). Siguiendo las líneas de este Acuerdo, el Consejo adoptó, con fecha 15 de febrero de 2010, la Decisión 2010/96/CFSP por la que la UE dirigiría una misión de carácter militar (European Union Training Mission, EUTM-Somalia).

Esta misión contaría con la coordinación de la Unión Africana y, en particular, con su operación para Somalia (AMISOM), las Naciones Unidas y los Estados Unidos y se desarrollaría principalmente en Uganda.

Asimismo, en la mencionada decisión, se nombró a un coronel del Ejército de Tierra español como jefe de la misión, así como jefe de la operación y comandante de la Fuerza que se despliegue.

La misión complementa los esfuerzos que está haciendo la UE para erradicar la piratería en las aguas del océano Índico a través de la operación Atalanta.

Esta misión tiene un carácter no ejecutivo y trata de contribuir al programa ya existente de adiestramiento de las Fuerzas de Seguridad Somalíes, mejorando el mismo, de tal forma que pueda continuar cuando la UE finalice su misión.

El Cuartel General de la misión está ubicado en Kampala (Uganda) y dispone de una Célula de Apoyo en Bruselas y de una Oficina de Enlace en Nairobi (Kenia). Las actividades de adiestramiento se desarrollan en Bihanga (Uganda).

Cada uno de los mandatos de EUTM-Somalia se ha desarrollado en dos periodos consecutivos de adiestramiento, con una duración de seis meses cada uno. El objetivo es adiestrar a unos 3.000 militares somalíes, oficiales, suboficiales y tropa.

Durante el mandato actual España aporta 19 efectivos, de un total de aproximadamente 140 pertenecientes a 12 países de la UE. El personal español es aportado por componentes del MADOC cuya sede central se encuentra en Granada.

Los efectivos españoles están desplegados en el Cuartel General de la Misión en Uganda (tres en Kampala y uno en Bihanga), uno en Bruselas y 14 instructores para el adiestramiento específico en la zona de Bihanga (Uganda).

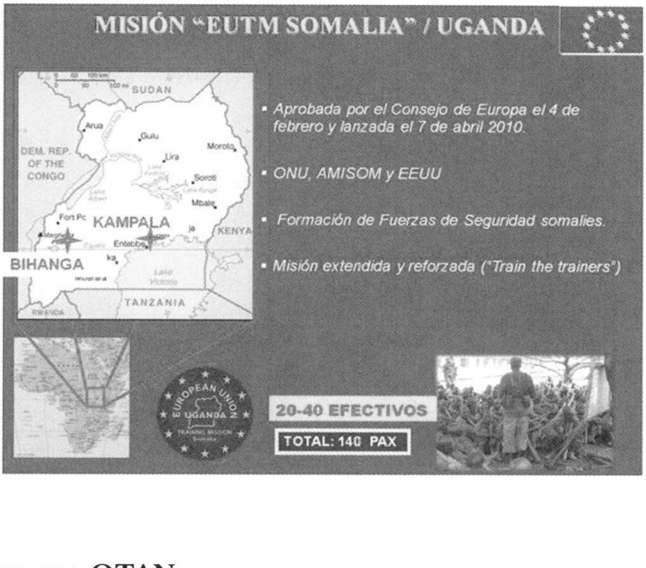

BAJO MANDATO OTAN:

MAR MEDITERRANEO (***Active Endeavour***)

La Operación «Active Endeavour» (OAE) es la respuesta de la OTAN a los ataques terroristas del 11 de septiembre de 2001 y la subsiguiente invocación del artículo 5 del Tratado de Washington por parte del Consejo del Atlántico Norte. Después de un primer despliegue de las fuerzas Navales Permanentes de la OTAN en el Mediterráneo Oriental, en octubre de 2001 se aprobó el Plan de Operaciones correspondiente a la OAE.

Esta operación pretende contribuir a la disuasión, defensa y protección frente a las actividades terroristas en el Mediterráneo y asegurar el tránsito libre y seguro de los buques no combatientes por sus aguas: en definitiva, asegurar que el Mar Mediterráneo no sea utilizado con fines terroristas por organizaciones o grupos internacionales.

La operación se materializa mediante actividades de Fuerzas Aeronavales de la Alianza, dedicadas al control de determinados buques mercantes y a la escolta directa de buques aliados no combatientes, en los períodos de tiempo y zonas geográficas que se determinen, en función de la amenaza existente en cada momento.

La participación española en la operación se realiza aportando medios aeronavales como fragatas, submarinos, patrulleros y aviones de patrulla marítima, con carácter no permanente, a las agrupaciones asignadas a la operación, que se realiza bajo el mando del Comandante del Componente Marítimo de la Alianza con sede en Nápoles (MCC Nápoles),dependiente del Mando Supremo Aliado en Europa (SACEUR).

La oferta permanente para la Operación AE STROG es la de el mando de la operación, una fragata, un helicóptero, un avión de patrulla marítima, patrulleros, el MACTAE y el Centro de Control Aéreo.

Últimamente no ha habido ninguna activación y actualmente, esta operación está suspendida, con un preaviso de treinta días dependiente de análisis de riesgos.

Afganistan **(ISAF)**

La Fuerza Internacional de Asistencia para la Seguridad, en inglés: International Security Assistance Force (ISAF), es una misión de seguridad en Afganistán (liderada por la OTAN desde 2003) que fue establecida por el Consejo de Seguridad de Naciones Unidas el 20 de diciembre de 2001 por medio de la Resolución 1386 conforme a lo previsto por el Acuerdo de Bonn.

El objetivo es ayudar al gobierno afgano a extender y ejercer su autoridad e influencia en el territorio, así como a crear las condiciones necesarias para la reconstrucción y estabilización del país después de la guerra.

Actualmente cubre el total del territorio de Afganistán, con un total de 130.000 soldados de 37 países y 25 Equipos de Reconstrucción Provincial (en inglés: Provincial Reconstruction Teams, PRT).

Esta misión fue la primera misión de la OTAN fuera de Europa y América del Norte.

En la provincia de Badghis, próxima a Herat, se encuentra el Equipo de Reconstrucción Provincial (PRT) liderado por España. Su principal misión, consiste en apoyar al gobierno afgano a extender su autoridad en la Provincia de Badghis, para facilitar el desarrollo de un entorno estable y seguro en su área de responsabilidad, de modo que facilite los esfuerzos de reconstrucción y gobernabilidad.

En esta Unidad, junto a sus elementos propiamente militares, se ha integrado un elemento de nuestro Ministerio de Asuntos Exteriores específicamente encargado de acciones de reconstrucción y desarrollo, al cual el componente militar proporciona escolta y seguridad en sus trabajos y desplazamientos.

Las acciones encaminadas al aumento de la seguridad constituyen el principal cometido de las fuerzas militares del PRT, y son llevadas a cabo en apoyo y con la colaboración de las fuerzas de seguridad afganas.

La participación del Gobierno afgano en el proceso sigue siendo crucial. Este compromiso, que se ha dado en llamar «afganización», consiste en la asunción progresiva por parte del Ejecutivo de Kabul de sus propias responsabilidades a todos los niveles (local, nacional, regional y global) y en todos los ámbitos (político, económico, de seguridad, social, jurídico, etc.).

Actualmente nos encontramos en un proceso de transición (hasta 2014) caracterizado por la cesión de responsabilidad de las tareas de seguridad, desarrollo y gobernanza al Gobierno afgano. Este Gobierno empieza a tener capacidades en los aspectos de seguridad y de administración, motivo por el que se ha puesto en marcha el proceso de transición.

La opción de contribución nacional en la misión se encuadrará en «instruir, asesorar y asistir a las ANSF» en grandes centros de formación y adiestramiento, compartiendo apoyos y protección con nuestros aliados y evitando la dispersión de pequeños elementos.

Los efectivos militares varían según contingentes, pero ha tenido un máximo de 1600 efectivos. En la actualidad está compuesto por más de 1.400 efectivos y 40 guardias civiles. Está desplegado en Kabul, Herat y Qala-i-Naw.

Los efectivos que España tiene desplegados actualmente están distribuidos en la Base de Apoyo Provincial (PSB) en Qala-i-Naw), Base de Apoyo Avanzado (FSB) y Mando Regional Oeste (RC-W) en Herat y Cuartel General ISAF (HQ ISAF/IJC) en Kabul)

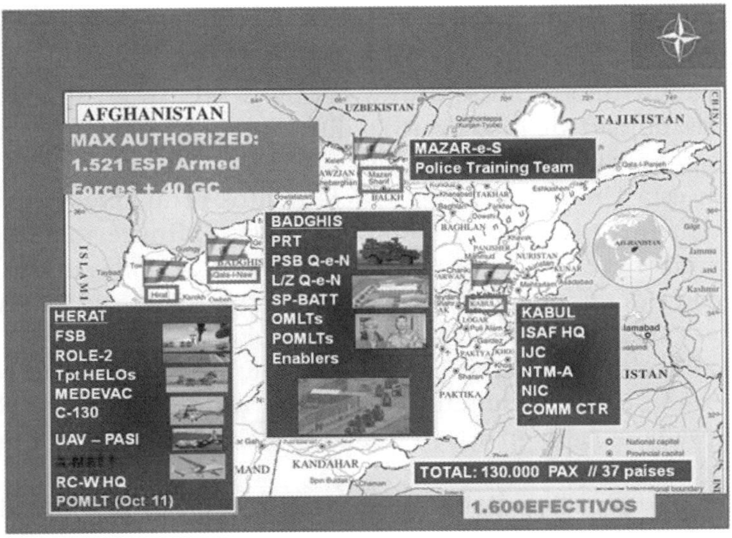

España (*Op. Noble Centinela*)

Por último, como Operación puramente nacional tenemos «Noble Centinela»

Ante la avalancha de inmigración ilegal que arribó a las Islas Canarias durante los primeros meses del año 2006, el Gobierno decidió emplear a las Fuerzas Armadas para contribuir al control del tráfico de embarcaciones que se dirigían a dichas Islas.

En la Directiva del JEMAD 05/06, que dio origen a la Operación Noble Centinela, se fija como misión «establecer un dispositivo aeronaval, en las aguas de Canarias y adyacentes, que permita localizar e informar del tránsito de embarcaciones de transporte de inmigrantes ilegales y disuadir a los posibles buques nodrizas de su acción, apoyando a las autoridades civiles y las Fuerzas y Cuerpos de Seguridad del Estado (FCSE) en el control de la inmigración ilegal y prestando apoyo humanitario en caso necesario».

En la operación han venido participando aviones de patrulla y vigilancia marítima, así como patrulleros de altura y de costa.

El dispositivo actual de las Fuerzas Armadas mantiene en alerta un buque y una aeronave, listas para actuar en caso necesario con un preaviso de 6 horas y 60/120minutos respectivamente.

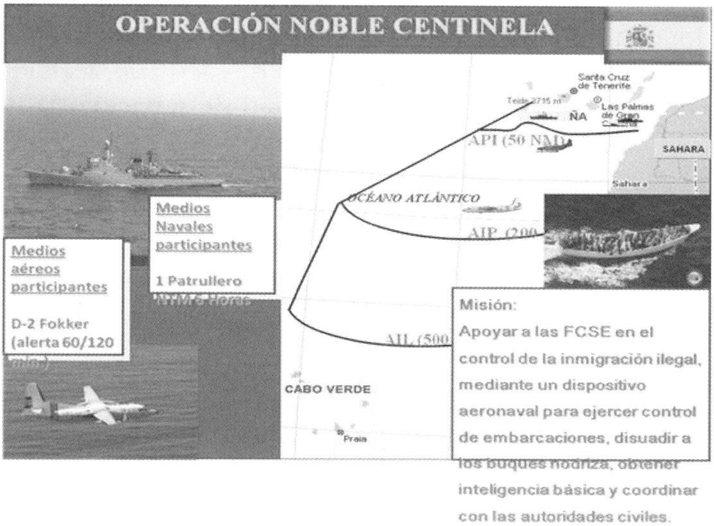

En resumen, los nuevos conflictos se vienen desarrollando en un contexto estratégico caracterizado por la complejidad y la incertidumbre, en el que se hace imposible una resolución duradera mediante la utilización exclusiva del instrumento militar.

Ello obliga a conjugar las capacidades militares que proporcionan las Fuerzas Armadas con los otros instrumentos del poder nacional y aliado (político, económico y diplomático) para llegar a una solución viable y duradera.

En este sentido y al igual que nuestros aliados, la transformación militar española responde a la necesidad de disponer de una Fuerzas Armadas reducidas, potentes, expedicionarias, muy móviles, logísticamente sostenibles, tecnológicamente avanzadas e interoperables con las de los países de nuestro entorno, de manera que sean capaces de llevar a cabo operaciones militares en escenarios nacionales e internacionales en cualquier tipo de conflicto, desde los de más alta intensidad hasta operaciones de ayuda humanitaria.

Así mismo, deben tener capacidad de operar en coordinación con el resto de instrumentos de poder nacional y aliado (políticos y diplomáticos, económicos o de carácter civil) y con otras organizaciones internacionales, adquiriendo la sinergia necesaria para obtener la más sencilla y eficaz solución en las crisis y conflictos.

Quiero acabar esta conferencia diciéndoles que estoy convencido de que España posee un Ejército moderno, eficaz y cohesionado; con hombres y mujeres que se han sabido adaptar a las nuevas exigencias, mantener el espíritu de sacrificio, lealtad y dedicación y con una permanente voluntad de servicio a la Patria, tal y como ha expresado nuestro actual Jefe de Estado Mayor, el TG D: Fulgencio Coll.

Un ejército que ha merecido el reconocimiento y la confianza de los españoles por su trabajo, tanto en operaciones como en territorio nacional y que está al servicio permanente de España.

CAPÍTULO 4

DERECHO MILITAR Y DERECHO INTERNACIONAL

Capítulo 4.1
EL TRATAMIENTO DEL GÉNERO EN LOS CONFLICTOS ARMADOS

M.ª Concepción Pérez Villalobos
Profesora Titular de Derecho Constitucional de la Universidad de Granada

1. El género en la dimensión de seguridad de Naciones Unidas

La lucha por la igualdad entre mujeres y hombres, que se había iniciado en el siglo XIX por los movimientos feministas en el ámbito de la lucha interna de los Estados, en el ámbito internacional estaba aún en sus primeras etapas cuando surgieron las Naciones Unidas en 1945. Cuando los movimientos pro derechos de la mujer y el sufragio pasaron del ámbito nacional interno a la esfera internacional, las mujeres se organizaron a través del Consejo Internacional de Mujeres y de la Alianza Internacional pro sufragio de las Mujeres que canalizaron un amplio movimiento por la paz [1]. Pues bien, la Liga de las Naciones, creada por el Tratado de Versalles después de la primera guerra mundial, y precursora de las Naciones Unidas, nace, en parte, como consecuencia de la lucha que mantienen las mujeres por la paz, organizadas en el movimiento feminista-pacifista bajo la *Liga Internacional de Mujeres por la Paz y la Libertad* (WILPF) fundada en 1919. Entre este movimiento feminista-pacifista existe la leyenda de que cuando el Presidente americano Wilson, presentó los catorce puntos que impuso la «paz sin victoria» en 1918, adoptados posteriormente en el Tratado de Versalles, «sacó un trozo de papel viejo y doblado de su bolsillo

[1] *Vid.* Pérez Villalobos, M. C.: *Mujer, paz y seguridad. El tratamiento del género en las Fuerzas Armadas*, EUGR, Granada, 2013.

con exactamente los mismos puntos escritos de puño y letra por Jane Addams» [2].

De los 51 Estados Miembros originales, solo 30 permitían que las mujeres tuvieran derecho al voto y no se les permitía ocupar cargos públicos. En un primer momento, la labor de las Naciones Unidas en beneficio de la mujer se centró ante todo en la codificación de los derechos jurídicos y civiles de la mujer y en la reunión de datos sobre la condición jurídica y social de la mujer, que se impulsó con la firma de la *Convención para la eliminación de todas las formas de discriminación contra la mujer* (CEDAW) y con la creación de instituciones, la primera de ellas la *Comisión para la condición jurídica y social de la mujer* (CSW) en 1946, y otros organismos de apoyo que se han ido impulsando a raíz de las diversas *Conferencias Internacionales*; la última de ellas, Beijing, introdujo el principio de mainstreaming de género en todas las políticas públicas.

Las Conferencias Mundiales convocadas por Naciones Unidas desde el año 1975 han supuesto la unidad de toda la comunidad internacional en apoyo a los objetivos de un plan de acción de igualdad encaminado a promocionar a la mujer en todos los países y en todas las esferas de la vida pública y privada, ya que no basta la mera declaración formal de la igualdad y que ésta se recoja en las leyes de los Estados, sino que es necesario elaborar estrategias y planes de acción que eviten discriminaciones [3].

Podemos afirmar que, desde el nacimiento de las Naciones Unidas, la perspectiva internacional sobre la mujer, sobre su protección o sobre su lugar en el mundo ha estado presidida por la consecución de la igualdad, y, desde el último cuarto de siglo, se ha impuesto en la agenda internacional la necesidad de construir un nuevo modelo de sociedad donde la cultura de la paz y la igualdad de los géneros sean valores fundamentales. La forma en que tradicionalmente se ha visto a la mujer con respecto a la guerra o los conflictos ha sido muy parecida a lo largo de la his-

[2] *Vid.* ALONSO, H. H.: «Los inicios de la construcción del movimiento pacifista-feminista», en DÍEZ JORGE, E. y SÁNCHEZ ROMERO, M. (eds.): *Género y Paz*, Icaria, 2010 pág. 93.

[3] *Cfr.* BALAGUER CALLEJÓN, M. L.: *Mujer y Constitución. La construcción jurídica del género.* Op. cit., pág. 53.

toria y de las sociedades. El rol social de la mujer en el conflicto ha sido siempre el de un sujeto pasivo, muchas veces invisible, siempre víctima del conflicto, frente al hombre combatiente. En muchas guerras, el papel de las mujeres ha sido el de componedoras de la paz, intentando poner fin a la contienda[4]; por supuesto, en ellas ha recaído la función de subsistencia de los niños y enfermos víctimas de la guerra. En otras ocasiones, las mujeres, en medio de los horrores de la guerra, han tenido que asumir el papel que su sociedad atribuye al hombre: una minoría se une a los ejércitos reales como combatientes, otras asumen la administración social; sin embargo, una vez concluida la contienda, se han visto obligadas a volver a su rol tradicional en la sociedad, probablemente porque estas sociedades no están preparadas para asumir el desafío que suponen los planteamientos de género. En raras ocasiones se les ha reconocido su papel como proveedoras, cuidadoras, y administradoras sociales y políticas de su comunidad durante la guerra. Pero en todos los conflictos las mujeres son víctimas de la violencia. La mayoría de las víctimas de las guerras son hoy en día, civiles (mujeres y niños), más que militares, y, sobre todo, las mujeres y las niñas son víctimas de violaciones, en los más de los casos, de forma masiva ya que es utilizada como «arma de guerra» entre los contendientes, con el consiguiente daño físico, moral y social que sufren las mujeres que lo padecen[5]. Esta situación ha llevado al tribunal Penal Internacional, con ocasión del genocidio de Ruanda, a declarar la violación como «crimen de guerra»[6].

Otra cuestión importante es la que se refiere a la reconstrucción post-conflicto. Después de las guerras la atención suele prestarse a los hombres combatientes supervivientes; en cambio, la

[4] *Cfr.* FERRIS, E.: *Women, War and Peace,* Life and Peace Research Report 14, Uppsala, 1993

[5] *Vid.* ESTÉBANEZ ESTÉBANEZ, P.: «La mujer en conflictos armados y guerras», en *El papel de la mujer y el género en los conflictos, Cuadernos de Estrategia,* núm. 157, IEEE, Madrid, 2012.

[6] *Vid.* PÉREZ VILLALOBOS, M.ª C. y ROMO AVILÉS, N.: «Igualdad y género. Conceptos básicos para su aplicación en el ámbito de la seguridad y defensa», en *El papel de la mujer y el género en los conflictos, Cit.* TURSHEN, M. y TWAGIRAMARIYA, C. (eds.), *What Women Do in Wartime,* Zed Press, 1998. *Passim:* Informes de Naciones Unidas, Fondo de Desarrollo de Naciones Unidas para la Mujer (UNIFEM), Nueva York.

mujer que ha sufrido de forma diferente los horrores y consecuencias de la guerra no es objeto de atención, ni en su salud ni en sus derechos. Sin embargo, si se quiere que la construcción post-conflicto derive en una paz duradera, se debe prestar una atención importante a las mujeres, que han sido ignoradas tradicionalmente en los procesos de paz. Por eso, las estrategias de Naciones Unidas se han centrado en trabajar con las mujeres por la paz, así como en desarrollar una conciencia de perspectiva de género en la consolidación de la paz. Se dice, por tanto, que los conflictos armados son fenómenos que cuentan con una dimensión de género enormemente importante. Mediante el análisis de género se desmonta la tradicional visión de los conflictos armados como realidades neutras y se pone en cuestión el hecho de que la génesis de los conflictos armados sea independiente de las estructuras de poder que, en términos de género, existen en una determinada sociedad, lo cual significa que muchas veces los conflictos surgen por la forma en que se encuentran esas estructuras, que son excluyentes de una parte importante de la sociedad que son las mujeres. En segundo lugar, desde esta perspectiva también se plantean serias dudas a las afirmaciones que pretenden homogeneizar las consecuencias de los conflictos sin tener en cuenta la dimensión y las desigualdades de género [7].

Las principales acciones de Naciones Unidas sobre lo que podemos llamar «mujer, paz y seguridad», las hemos sintetizado en el siguiente cuadro que hace referencia al organismo de Naciones Unidas, el año y la resolución o acuerdo que se adopta:

[7] *Passim,* Alerta! «Informes sobre Conflictos, derechos humanos y construcción de paz», de la *Escola de Cultura de Pau,* Icaria Editorial, en especial los años 2005, págs. 131 y ss.; 2006, págs. 125 y ss.; y 2008, págs. 136 y ss.

AÑO	ORGANISMO	RESOLUCIÓN/ACUERDO
1979	Asamblea General de Naciones Unidas	Convención sobre la eliminación de todas de discriminación contra la mujer (CEDW)
1982	Asamblea General de Naciones Unidas	Declaración sobre la participación de las mujeres en la promoción de la paz y la seguridad internacional Resolución 37/63
1985	ONU. Tercera Conferencia Mundial sobre las Mujeres	Reconocimiento explícito del rol de las mujeres para la paz y el desarrollo
1993	ONU. Conferencia Mundial de derechos Humanos	Declaración de Viena y Plan de Acción (incluye Derechos Humanos sexuales y reproductivos de las mujeres)
1994	ONU. Conferencia Internacional sobre Población y Desarrollo	Incorporación de derechos sexuales y reproductivos como derechos humanos en la declaración final
1995	ONU. Cuarta Conferencia Mundial sobre las Mujeres	Reconocimiento de que los derechos de las mujeres son Derechos Humanos
	Consejo de Seguridad de la ONU	Resoluciones sobre las mujeres en situación de conflicto y paz Resoluciones 918, 1076, 1193, 1208, 1214, 1231
1998	Corte Penal Internacional	Estatuto de Roma de la Corte Penal Internacional
1999	Consejo de Seguridad de la ONU	Resolución 1265 sobre la protección de civiles en los conflictos armados (incluye la perspectiva de género en la asistencia humanitaria)
1999	Asamblea General de Naciones Unidas	Ratificación del Protocolo de la Convención sobre la eliminación de todas las formas de discriminación contra la mujer (CEDAW)
2000	ONU	Declaración de Windhoek y Plan de acción para la inclusión de la perspectiva de género en las operaciones multinacionales de apoyo a las operaciones de paz
2000	Consejo de Seguridad de Naciones Unidas	Resolución 1325 del Consejo de Seguridad de Naciones Unidas. Mujeres, Paz y Seguridad.

En octubre de 2000, el Consejo de Seguridad de Naciones Unidas aprueba, por primera vez, una Resolución en relación con las Mujeres y los Conflictos Bélicos, la Resolución 1325, que ha sido decisiva en el desarrollo de las políticas de género y en la consecución de la igualdad de las mujeres.

La Resolución 1325 reafirma que las mujeres y la perspectiva de género son relevantes en la construcción de la paz en ámbitos como la negociación de los acuerdos de paz, la realización de operaciones de mantenimiento de la paz, la planificación y el funcionamiento de los campos de refugiados, o la consolidación de los procesos de reconstrucción social tras un conflicto bélico.

Es la única Resolución del Consejo de Seguridad de Naciones Unidas que, año tras año, celebra su fecha de aprobación, indicando en sus Informes los progresos realizados en cada lugar del mundo en relación a las operaciones de mantenimiento de la paz. La elaboración, año a año, de un informe del propio Secretario General ilustra hasta qué punto la cuestión de la mujer en relación a la paz y la seguridad se ha convertido en uno de los ejes principales de impulso de la Organización. Cada año, la Presidencia del Consejo de Seguridad emite una declaración, donde solicita informes anuales de rendición de cuentas al Secretario General.

La revisión anual de la Resolución 1325 se hace a finales de octubre, en conmemoración de la fecha en la que fue aprobada; el Consejo de Seguridad organiza una sesión para evaluar su cumplimiento y dar seguimiento a su puesta en práctica. La comunidad internacional se ha involucrado en la aplicación y desarrollo de la Resolución de forma responsable por lo que se van generando documentos y acuerdos que completan el marco normativo internacional.

Las contribuciones de las misiones de paz de las Naciones Unidas a la aplicación de la Resolución 1325 son especialmente dignas de mención porque, como estas misiones están presentes en situaciones de conflicto e inmediatamente después de los conflictos, a menudo han aprovechado desde temprano las oportunidades de influir en la aplicación de la Resolución 1325 sobre el terreno. Las actividades emprendidas por estas misiones responden a todos los pilares del Plan de acción para todo el sistema. Las misiones de paz han adoptado medidas específicas para apoyar la participación de la mujer en los procesos políticos en los países que salen de un conflicto [8]. A fin de aumentar la re-

[8] Entre ellas cabe citar el apoyo a los procesos de reforma constitucional que tienen en cuenta las cuestiones de género en el Afganistán y Burundi; el apoyo a la inscripción de las mujeres en el censo electoral y a las mujeres registradas como candidatas políticas en el Afganistán, Burundi, Haití, Liberia, la

presentación de las mujeres en las misiones de mantenimiento de la paz, hasta la fecha se han tomado una serie de medidas, como por ejemplo: el establecimiento de una Sección de Nombramientos de Personal Directivo para facilitar nombramientos de mujeres para altos cargos; la búsqueda continua entre los Estados Miembros de candidatas para ocupar puestos de categoría superior y para personal uniformado de las misiones de mantenimiento de la paz; el establecimiento de centros de coordinación para las cuestiones relacionadas con la mujer en la Sede y en todas las misiones de mantenimiento de la paz con el fin de promover el equilibrio de género y un entorno que tenga en cuenta la perspectiva de género; el diálogo sobre políticas con los países que aportan contingentes y fuerzas de policía, para promover y explicar los requisitos operacionales para el personal uniformado femenino.

En la actualidad, un número creciente de gobiernos está desarrollando planes nacionales de acción para la aplicación de la Resolución 1325 y la incorporación de una perspectiva de género en la formación del personal militar, especialmente del enviado a las misiones de mantenimiento de la paz, y en sus paquetes de ayuda de desarrollo para los países en conflicto. Algunos gobiernos también están instruyendo a altos representantes para abordar cuestiones de género, promover la representación de la

República Democrática del Congo y Timor-Leste. Las misiones de mantenimiento de la paz de las Naciones Unidas en Côte d'Ivoire, Liberia y la República Democrática del Congo han colaborado con sus asociados para apoyar a los gobiernos de estos países en sus esfuerzos por elaborar planes de acción nacionales para la aplicación de la resolución 1325 (2000). La Misión Integrada de las Naciones Unidas en Timor-Leste apoyó una asociación entre Liberia, Irlanda y Timor-Leste, que contribuyó a que en este último país se conociera y comprendiera mejor la resolución 1325 del Consejo de Seguridad. La Dependencia de Género de la Misión de las Naciones Unidas en Liberia (UNMIL) amplió este apoyo a la formulación de la política nacional de género y otras políticas sectoriales, la integración de las perspectivas de género en la estrategia de lucha contra la pobreza, y la formación y creación de capacidad de supervisión con enfoque de género a fin de mejorar a nivel nacional la presentación de informes sobre los avances en el cumplimiento de los compromisos de igualdad de género.

mujer y llegar a las mujeres en los conflictos y las zonas de conflicto. Sin embargo, es importante que los Estados miembros, además de asumir la responsabilidad de la puesta en práctica de la Resolución 1325, garanticen que se integra en sus políticas nacionales y en los programas de formación.

2. La mujer y los conflictos armados en la Unión Europea

El tratamiento que la Unión Europea ha dado a la mujer en situaciones de conflictos armados o a su promoción en los procesos de paz y en el posconflicto, hay que enmarcarlo en el marco de las políticas y las competencias de la acción exterior de la Unión. La defensa y protección de la mujer así como de los derechos de ésta, como acabamos de ver, es uno de los fundamentos de la Unión Europea presente permanentemente desde su constitución en los Tratados, en la jurisprudencia y en las políticas públicas. El compromiso con los derechos humanos y con las resoluciones de Naciones Unidas ha sido lo que ha marcado la agenda europea durante todos estos años, de manera que son muchas las actuaciones políticas y jurídicas emanadas de las instituciones europeas. Las más significativas se producen desde el año 2000, inmediatamente después de la adopción de la Resolución 1325, y recogiendo las directrices marcadas por las Conferencias Internacionales, bajo la consideración de que este tipo de actuaciones no son independientes ni forman parte de políticas descoordinadas, sino que son la seña de identidad europea. Europa no debe trabajar solamente a favor de la mujer cuando ésta esté siendo víctima de la violencia de la guerra o se encuentre en situación de desprotección en los conflictos armados, ya que la violencia contra las mujeres en las zonas de conflicto es a menudo una extensión de la discriminación por razones de género que ya existe en tiempos de paz, aunque es cierto que el impacto que se produce en los conflictos armados es desproporcionado y excepcional en las mujeres. La Unión europea adquiere por ello un compromiso que a la vez es de todos y cada uno de los Estados miembros, de manera que se trata de prioridades para la Unión; la Unión Europea puede aportar un valor añadido apreciable como un actor positivo en lo que se refiere a las cuestiones relacionadas con las mujeres en los conflictos armados, estableciendo las condiciones para la participación de las mujeres en pie de igualdad en la prevención de conflictos, la gestión de crisis, las conversaciones de paz y las fases posteriores al conflicto, como la planificación de la reconstrucción de postguerra. Estos planteamientos propiciaron que, en materia de seguridad [9], en el año 2003 se adoptara la *Estrategia Europea de Seguridad* en la que se destaca que la Unión europea debe «continuar integrando las consideraciones de derechos humanos en todas las actividades en este ámbito, incluidas las misiones de la PESD, a través de un planteamiento basado en las personas que sea coherente con el principio de seguridad humana. La UE ha reconocido el papel de la mujer en el afianzamiento de la paz. En tal sentido, resulta esencial la aplicación efectiva de la Resolución sobre la mujer y la paz y la seguridad, y de la Resolución 1612 sobre los niños y los conflictos armados [10]».

En este sentido, desde 2008, la UE cuenta con una propuesta «Comprehensive Approach to EU implementation of UN Security Council Resolution 1325 and 1820 on women, peace and security» que propone un enfoque global. Este marco tiene el objetivo de orientar las acciones sobre género y construcción de paz en tres dimensiones: el diálogo político, la gestión de crisis y la definición de estrategias específicas para proteger y empoderar a las mujeres. Desde ese momento la UE ha convertido la Resolución 1325 en una guía de actuación en todas las misiones civiles o militares en las que participa, de mantenimiento de la paz y resolución de conflictos.

Asimismo, en el contexto europeo existe un número importante de documentos y resoluciones que establecen directrices para promover la igualdad de género y de los derechos de las mujeres en su política exterior. Algunos de ellos son: «Comission Communication Roadmap to Gender Equality» (2006), «EU Concept for support to DDR» (2006), «Implementation of UNSCR 1325 as reinforced by

[9] *Cfr.* PÉREZ VILLALOBOS, M. C.: «La política exterior y de seguridad común en el Tratado constitucional de la Unión europea», en *Revista de Derecho Constitucional Europeo*, núm. 3, 2005, Instituto Andaluz de Administración Pública.

[10] *Estrategia de seguridad Europea. Una Europa segura en un mundo mejor.* Un resumen del Informe del Consejo se puede consultar en: http://www.consilium.europa.eu/uedocs/cms_data/librairie/PDF/QC7809568ESC.pdf (última consulta, 15/05/11)

UNSCR 1820 in the context of ESDP» (2008) [11]. Además, en el campo de la Política Común de Seguridad y Defensa (PCSD), el Consejo adoptó un documento operativo con recomendaciones para incluir la perspectiva de género en todas las fases de las misiones de paz, entre otras medidas.

Sin embargo, aunque el mandato y los documentos de referencia existen, es preciso avanzar en su puesta en práctica de todas estas propuestas, en un contexto en el que se produzca una mayor definición de la Política Exterior Europea, que por el momento es muy incipiente. La creación del Servicio Europeo de Acción Exterior (SEAE) debe contribuir de forma significativa a la aplicación de las Resoluciones 1325 y 1820 del Consejo de Seguridad, tanto en lo que respecta a su estructura interior como a sus acciones y políticas exteriores. La UE ha adoptado importantes documentos sobre la forma de aplicar las Resoluciones 1325 y 1820 del Consejo de Seguridad, pero ha mostrado escaso interés en poner en práctica estas directrices de forma sistemática y coherente, de manera que sólo una minoría de Estados miembros de la UE ha elaborado un plan de acción nacional con vistas a aplicar la Resolución 1325: Austria, Bélgica, Dinamarca, España, Finlandia, los Países Bajos, Portugal, el Reino Unido y Suecia. Durante la Presidencia española de la Unión se remarcó la importancia de que, a través de planes de acción nacionales, se contemplen una serie de medidas para garantizar la aplicación del criterio de género en las misiones internacionales. En este contexto, el 25 de marzo se celebró en Madrid el seminario «Aplicación del Criterio de Género en el ámbito de la PCSD. Implementación de la Resolución 1325/2000» con la participación de 20 países, que sirvió para resaltar la importancia de la dimensión de las políticas de género en las misiones y operaciones PCSD, siguiendo las recomendaciones de la Resolución 1325 [12].

[11] http://www.consilium.europa.eu/ueDocs/cms_Data/docs/hr/news144.pdf (última consulta, 15/05/11). El documento se refiere a la incorporación de las medidas de género en los planeamientos estratégicos y de operaciones y el papel de deben jugar los Representantes especiales, los Jefes de misión y los mandos; los informes que se deben de elaborar y la supervisión de los mismos.

[12] *Vid.* PÉREZ VILLALOBOS, M. C.: «Aportaciones de la Presidencia española a la PCSD», en *La nueva política de seguridad de la Unión Europea*, Colección *Conde de Tendilla*, Universidad de Granada-MADOC, 2012.

3. El género en la dimensión de seguridad de la OTAN

Cabe preguntarse qué implicaciones tiene para la OTAN el concepto de género en situaciones de conflicto y si es verdaderamente importante para las misiones que cumple. En enero de 2010 el Secretario General de la OTAN, Rasmussen, contestó a esta pregunta de la siguiente manera: «greater empowerment and more effective protection of women against the specific dangers that face in armed conflicts are benefit not only to women, but to all of us. It is, to my mind a crucial component of a comprehensive approach to the security challengers of the 21st century» [13].

La OTAN es plenamente consciente de que las operaciones militares en el mundo de hoy requieren una diversidad de valoraciones y de recursos que ayuden a alcanzar y mantener la paz y la seguridad, y que la integración de la perspectiva del género en todos los aspectos de las operaciones de la OTAN puede ser beneficiosa y hacer más eficiente la misión [14]. Por esta razón, en el seno de la organización se creó un Comité sobre mujer, el Comité de la OTAN sobre perspectiva de género (NCGP) [15], como un organismo consultivo del Comité Militar sobre las políticas relacionadas con el género [16]. Promueve el mainstreaming de

[13] Discurso pronunciado en la Conferencia de Alto nivel UE/OTAN, Mujer, paz y seguridad, Bruselas, 27 de enero de 2010. http://www.act.nato.int/organization/hq-sact/gender-advisor, (última consulta 24/05/2011).

[14] Desde el final de la Guerra Fría, el entorno de la seguridad internacional se vuelve más complejo, y las fuerzas armadas modernas están ahora obligados a realizar diversas tareas. Su centro de actuación se ha desplazado desde las guerras de alta intensidad en defensa de un territorio nacional a un espectro más amplio de operaciones de baja intensidad, tales como gestión de crisis, apoyo a la paz y operaciones humanitarias en el extranjero. esta diversidad de tareas demanda también diversidad de habilidades, de manera que los conflictos de hoy no sólo piden respuestas militares, sino que requieren una mayor capacidad, habilidades y experiencias para gestionar las situaciones de crisis y posconflicto en un entorno de seguridad complejo.

[15] En 1976 se creó el Comité de Mujeres en las Fuerzas Armadas de la OTAN (–CWINF– *Committee on Women in the NATO forces*), por el Comité Militar de la OTAN. Este organismo cambió de denominación en 2009 por el de *Comité de la OTAN sobre perspectiva de Género* (–NCGP– *NATO Committee on Gender Perspective*).

[16] Entre las competencias del Comité se contemplan las siguientes: facilitar el intercambio de la información entre naciones de la OTAN, en relación a las políticas de género y el mainstreaming; facilitar el intercambio de la infor-

género como una estrategia para el empoderamiento de las mujeres y al mismo tiempo lo aplica como una dimensión integral del diseño, de la puesta en práctica, de la supervisión y de la evaluación de políticas, de programas y de operaciones militares, incorporando una perspectiva de género en el proceso de evaluación de las consecuencias para las mujeres de cualquier acción planificada, incluyendo legislación, políticas o programas, en todos los ámbitos y en todos los niveles [17].

La Alianza no tiene ninguna influencia en las medidas o en los planes implementados a nivel nacional, que hasta el momento no son muchos; sin embargo, sí exige que el personal desplegado en las misiones OTAN, tenga el entrenamiento y la preparación adecuados en esta materia. En este sentido, los países miembros de la OTAN están promoviendo el papel de las mujeres dentro de las operaciones y misiones OTAN desde diciembre de 2007 [18], en

---

mación dentro de la OTAN, y específicamente dentro del HQ de la OTAN; participar con organizaciones internacionales y agencias referidas a la integración de la perspectiva del género en operaciones militares recoger, analiza y compartir la información relevante de naciones de la OTAN; aconsejar al Comité Militar en materia de género, incluyendo la puesta en práctica de las resoluciones del consejo de seguridad de Naciones Unidas (UNSCR) 1325 y 1820.

[17] El mismo Secretario General, Rasmussen, afirmaba en la Conferencia de Copenhague sobre el papel de la mujer en la seguridad global: «For all these reasons, Resolution 1325 is such a landmark resolution. Because it not only recognises the impact of conflict on women; it also recognises the important role that women can play —and indeed must play— in preventing and resolving conflict, and in building peace. At NATO, we are looking at the role of women in conflict resolution and peace-building in a comprehensive way».http://www.nato.int/cps/en/SID-8A20A444-54713E68/natolive/opinions_67602.htm?selectedLocale=en (consultado el 17/05/11).

[18] En la Reunión de Berlín de 2007 se aprobó el *Informe CWINF guidance for NATO gender mainstreaming*. La guía OTAN de género establece recomendaciones a los países de la OTAN y Autoridades de la OTAN en la identificación de las cuestiones de género y la integración de la perspectiva de género en todos los aspectos de las operaciones de la OTAN no como una cuestión separada, sino como una dimensión que impregna todas las acciones emprendidas en este ámbito. La perspectiva de género debe convertirse en rutina con pleno respeto de los requisitos operacionales para mejorar la eficacia operativa www.nato.int/issues/women_nato/cwinf_guidance.pdf (consultado el 17/05/11). Precisamente, el Comité sobre perspectiva de género de la OTAN, en su reunión anual de 24 de mayo de 2011, se centró en el género y en la seguridad

que acuerdan la implementación de la Resolución 1325. Las pautas para la integración de la Resolución en la estructura de mando de la OTAN, incluyendo el entrenamiento y la educación, fueron publicadas en 2009. Pero, desde el año 2003, en el seno de la Alianza funciona una *Task Force* destinada a favorecer el equilibrio de género entre el personal civil y militar, pero estableciendo los criterios de mérito y capacidad e igualdad de oportunidades en las contrataciones del personal civil y el reclutamiento [19].

La Cumbre de Estrasburgo-Kehl, en abril de 2009, aporta un nuevo impulso a la implementación de la Resolución 1325 ya que se insta a los Estados a establecer medidas eficaces en esta dirección e informar sobre ellas a los demás socios. Estas medidas se adoptaron porque la Alianza toma conciencia de que no es posible la implementación de la normativa si ésta no se hace por cada uno de los Estados, para lo cual es necesario que cada Estado cuente con un Plan de Acción Nacional propio para promover la aplicación de la Resolución 1325 y que cuenten con programas de formación en asuntos de género. Esta consecuencia se extrae de las lecciones aprendidas después de la implementación de la Directiva 40-1 de 2009 [20] en la que se establecieron algunas medidas como la creación de asesores de género permanentes en los cuarteles generales y en las operaciones de la OTAN, lo cual suponía integrar a los asesores de género en la estructura militar de la OTAN, desempeñando labores de apoyo al mando; para ello se hace necesaria la formación de asesores de género que puedan a su vez asesorar al mando en todas las fases de la operación. La misma Directiva contiene otras disposiciones como una lista de medidas concretas para la protección de mujeres y

---

en las operaciones, examinando las mejores prácticas y lecciones aprendidas por los diferentes países miembros de la organización sobre la importancia que las cuestiones de género han tenido para hacer la misión más eficaz, así como identificar los principales indicadores que miden el éxito y el progreso de las operaciones en el nivel táctico.

[19] Está vigente el Plan de Acción 2011-2013, *vid.* http://www.nato.int/cps/en/natolive/topics_64099.htm?selectedLocale=en#action.

[20] La Directiva se incluye en el Dossier final y se puede consultar también en la web: http://www.nato.int/nato_static/assets/pdf/pdf_2009_09/20090924_Bi-SC_DIRECTIVE_40-1.pdf.

niñas en los conflictos armados, incluyendo la posibilidad de que mujeres que participen en la operación militar puedan ser las que contacten con las poblaciones locales. Contiene, en tercer lugar, un cuadro de actuaciones de género que puede servir de guía para el planeamiento de operaciones. Ya existen informes de países de la OTAN sobre la implementación de la Resolución 1325 y la Directiva 40-1 en operaciones militares importantes, como es el caso de Noruega y su actuación en Afganistan [21], o de Estados Unidos y los equipos femeninos de ayuda y apoyo a las familias que ha desplegado, experiencias que tendrán que concluir con la elaboración de un Plan de Acción común a todos los miembros de la OTAN.

Aprovechando el décimo aniversario de la Resolución 1325, la Cumbre de Lisboa de 2010, en su Declaración de Jefes de Estado y de Gobierno de los países presentes en Afganistán, expresó el compromiso de la OTAN en la implementación de la Resolución [22] y aprobó una estrategia basada en una serie de mecanismos para su implementación [23].

[21] Sobre este tema puede consultarse: http://www2.foi.se/rapp/foir2760.pdf

[22] *Vid.* Punto 8 de la Declaración «Reconciliación y reconstrucción» http://www.nato.int/cps/en/natolive/news_68722.htm

[23] *Comprehensive report on the NATO/EAPC policy on the implementation of UNSCR 1325 on women, peace and security and related resolutions* http://www.nato.int/cps/en/natolive/official_texts_68578.htm?

Capítulo 4.2
LA PROHIBICIÓN DEL USO DE LA FUERZA EN LA CARTA DE NACIONES UNIDAS

Juan Carlos de la Cerra Juan
Teniente Auditor (Asesoría Jurídica del MADOC)

I. Origen y evolución de la prohibición

A lo largo de la historia, el Derecho Internacional, ha intentado limitar el uso de la fuerza, utilizando para ello dos mecanismos.

—Estableciendo los supuestos en los que existía un derecho a recurrir a la guerra: «ius ad bellum».
—Estableciendo las modalidades o reglas bajo las cuales se deberían desarrollar las hostilidades: «ius in bello».

Es con la aparición de los Estados como entidades políticas, cuando comienza a elaborarse el derecho de la guerra La razón se fundamenta en la existencia de los imperios, que se concebían como único centro social legitimado frente a la barbarie del entorno. La guerra era considerada como una necesidad del imperio.

Conviene señalar, la concepción que se tenía de la guerra por parte de la doctrina clásica:

—Para San Agustín la guerra se encontraba justificada en supuestos de represaría, pudiendo fundarse no solamente en ataques previos, sino también en la ofensa a la dignidad.
—Santo Tomás; señalaba que los requisitos para que la guerra fuera justa, eran: la autoridad legítima del soberano, una recta intención y una causa justa.
—Groccio, consideraba que la causa justa de una guerra, debía de consistir en la existencia de un mal sufrido, aun llegando a reconocer que la guerra podía ser justa para ambas partes.

A partir de 1945, el Derecho internacional creció a pasos agigantados. Pero no solo se agregaron nuevas instituciones y normas, sino que también, se verificó una continua evolución de los principios fundamentales del derecho internacional, anteriores a la segunda mitad del siglo XX.

Los conceptos de uso de fuerza y legítima defensa no han sido extraños a tales transformaciones. Antes de 1928 uno de los derechos inherentes de los Estados era el de poder recurrir a la guerra de manera arbitraria. Con la Carta de las Naciones Unidas de 1945 aquel derecho no solo fue aún más restringido, sino que fue totalmente suprimido. Los Estados no «iban» más a la guerra, sino que se defendían de los ataques armados de otros Estados. La evolución de este derecho lo encontramos en:

a) La Conferencia de La Haya de 1907, esta recogió dos limitaciones del derecho a recurrir la fuerza. Así, el art. 1 de la Convención relativa a la limitación del uso de la fuerza para el cobro de deudas contractuales, ilegalizaba la guerra con tal fin, salvo que el Estado deudor no aceptara el ofrecimiento de arbitraje, o aceptándolo imposibilitara el establecimiento de un compromiso o tras el arbitraje no cumpliera el laudo.
b) Igualmente, la Convención relativa al inicio de hostilidades prohibía el recurso a la guerra sin previa declaración explícita, en forma de declaración razonada de guerra o ultimátum.

Esta Convención por tanto, daba prioridad a los medios pacíficos en la medida de la posible y en tanto las circunstancias lo permitieran, ilegalizando la guerra para el cobro de dudas contractuales. Esta Convención constituye el primer hito significativo en el desarrollo de la prohibición del uso de la fuerza en las relaciones internacionales, salvo con la única excepción de que el Estado sea deudor y no acepte la solución del conflicto mediante el arbitraje. La idea de esa prohibición se debía al argentino Luis María Drago, como consecuencia de las represarías, bloqueos marítimos y bombardeos de puertos, ejercidos en 1902 por Italia, Alemania, y Reino Unido contra Venezuela, por su demora en el pago de sus deudas.

a) Tratados de Bryan de 1913 y 1914, estos fueron concluidos bilateralmente entre EEUU y otros ventidos Estados, por los que las partes se comprometían a someter sus controversias a una comisión internacional de investigación y a no recurrir a la guerra hasta que la comisión hubiese elaborado su informe en el plazo máximo de un año. Esta norma suponía por primera vez la creación de obligaciones procesales sobre el comienzo de la guerra.

b) El Pacto de la Sociedad de Naciones: la regulación jurídica de la guerra que se establecía en el Pacto de la Sociedad de Naciones se centró también en someter esta a trámites procesales. Así la guerra, no es en sí misma ilegal, aunque puede serlo si se declara a quien; no haya aceptado los distintos mecanismos previstos en el Pacto de la Sociedad de Naciones o a quien sin agotar los plazos establecidos en el mismo.

c) Los miembros de la Sociedad de Naciones se comprometían, según el art. 12 del Pacto a resolver sus controversias por medios pacíficos, como el arbitraje, arreglo judicial o examen del Consejo, y además convienen «en que en ningún caso deberán recurrir a la guerra antes de que haya transcurrido un plazo de tres meses después de la sentencia de los árbitros o de la decisión judicial o del dictamen del Consejo». En virtud de ese plazo de tres meses, se ha dicho que el Pacto, más que prohibir la guerra establecía una «moratoria de guerra».
Por otro lado, si el Consejo no lograba adoptar su informe por unanimidad o se inhibía porque consideraba que era un asunto perteneciente a la competencia interna se producía lo que se llamaron las «fisuras» del Pacto o situaciones en las que los miembros podían legalmente recurrir a la guerra.

d) Para cerrar el paso a estas escapatorias se aprobó el Protocolo de Ginebra de 1924. Adoptado por unanimidad de la Asamblea el 2 de octubre de ese mismo año, la finalidad de este Protocolo era que cada vez que existiera una controversia, se produjera una decisión internacional, de manera que quien no se sometiese a ella pudiera ser considerado agresor, y en consecuencia, ser objeto de medidas coercitivas.
Aunque lo cierto, es que este es un tratado que no llegó a entrar en vigor, por la negativa del gobierno conservador británico que había sucedido al gobierno laborista a cuya

iniciativa se debía el Protocolo, sin embargo, se trataba de un texto importante en la evolución de las normas internacionales relativas al uso de la fuerza. En el Preámbulo se califica a la guerra como un «crimen internacional».

e) Pacto Briand-Kellogg: este Pacto supone la primera prohibición jurídica a la guerra, se conoce como el Pacto de Renuncia a la Guerra de 27 de agosto de 1928. En él se condenaba el recurso a la guerra como solución de conflictos internacionales y se renunciaba a la misma como instrumento de política nacional.

Casi todos los Estado que entonces formaban parte de la comunidad internacional ratificaron o se adhirieron a este Pacto de París. A pesar de este apoyo masivo, el problema de este Tratado era que carecía de mecanismos institucionales que garantizasen el cumplimiento de la obligación de renuncia a la guerra, lo que dio lugar a un efecto no deseado, ya que no se prohibía el recurso a la fuerza, sino a la guerra. Los Estados en conflicto, como era el caso de China y Japón (1931 y 1937 guerra en Manchuria) alegaban que no se encontraban en guerra, como lo demostraba el hecho de que seguían manteniendo relaciones diplomáticas, por mucho que las hostilidades fueran manifiestas.

II. La prohibición del uso de la fuerza en la Carta de las Naciones Unidas

Tras la II Segunda Guerra Mundial, al crearse las Naciones Unidas, la Carta de la organización proclama solemnemente en su:

—Preámbulo: que las Naciones Unidas aspiran a «preservar a las generaciones futuras del flagelo de la guerra».

—Art. 2,: consagraba con carácter general el principio de prohibición del uso de la fuerza, este artículo dispone: «Los Miembros de la Organización, en sus relaciones internacionales, se abstendrán de recurrir a la amenaza o al uso de la fuerza contra la integridad territorial o la independencia política de cualquier Estado, o en cualquier otra forma incompatible con los Propósitos de las Naciones Unidas».

La consagración en la Carta de las Naciones Unidas de la prohibición de la amenaza y del uso de la fuerza en las relaciones internacionales constituye, sin lugar a dudas, uno de los grandes logros del DI contemporáneo.

Esta prohibición ha sido desarrollada en otros textos, como la Resolución 2625 y el Acta Final de Helsinki de 1975. Tal y como señaló la CIJ en el asunto relativo a la actividades militares y paramilitares en y contra Nicaragua en 1986, este principio se configura como una norma general consuetudinaria, cuya existencia no depende de instrumentos convencionales que la hagan operativa, se reafirma así su doble condición de norma consuetudinaria y convencional.

La Comisión de Derecho Internacional de las Naciones Unidas en su comentario al proyecto de artículos sobre el Derecho de los Tratados, al referirse a las normas imperativas de Derecho internacional general o de ius cogens, establecía que las «normas de la Carta por las que se prohíbe el uso de la fuerza, constituyen por sí mismas un ejemplo patente de norma de derecho internacional que tiene carácter de ius cogens».

En su proyecto de artículos sobre la responsabilidad de los Estados, la Comisión de Derecho Internacional considera que «una violación grave de una obligación internacional de importancia esencial para el mantenimiento de la paz y la seguridad internacional, como la que prohíbe la agresión, constituye un crimen internacional». Por lo tanto hoy es imperativo para todos los Estados solucionar sus controversias por medios exclusivamente pacíficos.

La norma tiene una formulación más completa que la prohibición contenida en el Pacto de Briand-Kellogg por varios motivos:

1. No se refiere exclusivamente a la guerra, sino al «uso de la fuerza».
2. La prohibición comprende no sólo el uso de la fuerza, sino también la amenaza de uso de la fuerza.

El principio de la prohibición del uso de la fuerza se sitúa en el marco de otros principios también regulados en el art.2 de la Carta, y, en especial, por la relación que guarden entre sí, el principio de arreglo pacífico de las controversias y el de seguridad colectiva.

Este principio requiere dos aclaraciones:

a) El Derecho Internacional, ni permite ni prohíbe, el uso de la fuerza en las sociedades estatales. Es una competencia interna de los Estados, no obstante esta indiferencia del Derecho Internacional, se ve sometida a una serie de límites: como por ejemplo, cuando el uso del aparato coactivo del Estado tenga por objeto reprimir objetivos internacionalmente definidos, como sería la violación grave del derecho Humanitario o el apartheid, el genocidio o la esclavitud o se vulnere el derecho a la libre determinación de los pueblos.

b) La segunda cuestión que se plantea, es la internacionalización de conflictos internos como consecuencia de la intervención de terceros Estados. La Resolución 2625, en relación con el principio de no intervención, señaló que: «todos los Estados deberán abstenerse de organizar, apoyar, fomentar, financiar, instigar o tolerar actividades armadas subversivas o terroristas encaminadas a cambiar por la violencia el régimen del otro Estado».

En caso de violación de este principio, se originaría la respuesta internacional del Estado o incluso la adopción de contramedidas que no impliquen el uso de la fuerza.

El Consejo de Seguridad, ha sido investido de los poderes necesarios para velar por el cumplimiento del principio, otorgándosele la potestad de decidir medidas coercitivas para los Estados que las violen.

La generalidad de la formulación del principio, al no precisar las modalidades de la fuerza que se consideran prohibidas, ha planteado la cuestión de si cualquier uso de la fuerza está prohibido o si la prohibición se refiere exclusivamente a la «fuerza armada». Hay dos posiciones al respecto:

—Según Kelsen, en virtud del art. 2.4 «los miembros están obligados a abstenerse del uso de la fuerza en cualquier forma», de modo que cualquier empleo de la fuerza que no tengan el carácter de una medida colectiva está prohibido por la Carta. Según esta interpretación, la Carta prohibiría también cualquier tipo de medida de coerción como las medidas de carácter político como la ruptura de relaciones diplomáticas. Se trata sin duda de una interpretación excesivamente amplia explicable a partir de un análisis muy formalista y porque es anterior al desarrollo de la formulación del principio de no intervención.

—Mucho más acertada es la interpretación de Eduardo Jimenez de Aréchaga, según el cual el término fuerza debe entenderse con la significación de «fuerza armada», así se deduce del contexto de la Carta. Fundamenta su posición en:

1. En el Preámbulo se dice que «no se usará la fuerza armada sino en servicio del interés común».
2. Lo mismo se deduce del art. 44, que incluye el término fuerza sin precisar más, con la significación exclusiva de fuerza armada: «Cuando el Consejo de Seguridad haya decidido hacer uso de la fuerza, antes de requerir a un miembro que no esté representado en él a que provea fuerzas armadas en cumplimiento de las obligaciones contraídas».

Esta afirmación se ve confirmada si se consultan los tratados preparatorios de la Carta. En la Conferencia de San Francisco, la delegación del Brasil hizo la propuesta de que se incluyeran en el art. 2.4, la prohibición de las represarías económicas y fue rechazada, con lo que indirectamente se deduce que el principio de prohibición del uso de la fuerza se refiere única y exclusivamente a la fuerza armada.

III. Excepciones a la prohibición del uso de la fuerza

A pesar de la generalidad con que está redactado el art. 2.4 de la Carta de las Naciones Unidas, no toda amenaza o recurso a la fuerza es contraria al Derecho Internacional, sino que distintos preceptos legalizan su uso en determinadas ocasiones, como son:

—La acción coercitiva de las Naciones Unidas mediante fuerzas armadas, necesaria para mantener o restablecer la paz y la seguridad internacional decidida por el Consejo de Seguridad.
—La acción contra Estados enemigos para reprimir el rebrote de hostilidades al fin de la Segunda Guerra Mundial.
—El uso de la fuerza en legítima defensa.

a) La acción coercitiva de las Naciones Unidas, en caso de amenaza para la paz, quebrantamiento de la paz y actos de agresión

La Carta de las Naciones Unidas ha diseñado un mecanismo de reacción institucional que se configura como una institucionalización del ius ad bellum.

Son de vital importancia, el contenido del art. 24 y 25 de la Carta, que disponen:

> Art. 24:
> 1. A fin de asegurar acción rápida y eficaz por parte de las Naciones Unidas, sus Miembros confieren al Consejo de Seguridad la responsabilidad primordial de mantener la paz y la seguridad internacional, y reconocen que el Consejo de Seguridad actué en nombre de ellos al desempeñar las funciones que le impone aquella responsabilidad.
> 2. En el desempeño de estas funciones, el Consejo de Seguridad procederá de acuerdo con los Propósitos y Principios de las Naciones Unidas. Los poderes otorgados al Consejo de Seguridad para el desempeño de dichas funciones quedan definidos en los Capítulos VI, VII, VIII y XII.
> 3. El Consejo de Seguridad presentará a la Asamblea General para su consideración informes anuales y, cuando fuere necesario, informes especiales.
> Art. 25
> Los Miembros de las Naciones Unidas convienen en aceptar y cumplir las decisiones del Consejo de Seguridad de acuerdo con esta Carta.

Estos dos artículos a la hora de ser interpretados, tendrán que relacionarse con el art. 34 de la Carta, en el que se señala que: «para ejercer esta responsabilidad, el Consejo de Seguridad tiene potestad de investigar si una controversia puede poner en peligro el mantenimiento de la paz y la seguridad internacional».

La Carta de las Naciones Unidas por lo tanto, establece toda una legislación en esta materia, concretamente en sus arts. 39 a 50, de los que se desprende que al Consejo de Seguridad le corresponde:

—Determinar la existencia de toda amenaza a la paz, quebrantamiento de la paz o acto de agresión.
—Hacer recomendaciones.
—Decidir qué medidas deben de adoptarse de conformidad con los artículos 41 y 42 para mantener o restablecer 1a paz y la seguridad internacional.

A fin de evitar que la situación se agrave, el Consejo de Seguridad, antes de hacer las recomendaciones o decidir las medidas que aparecen recogidos en el art. 41 y 42 de la Carta, podrá instar a las partes interesadas a que cumplan con las medidas provisionales que juzgue necesarias o aconsejables.

Dichas medidas provisionales no perjudicarán los derechos, las reclamaciones o la posición de las partes interesadas. El Consejo de Seguridad tomará debida nota del incumplimiento de dichas medidas provisionales.

Para asesorar y asistir al Consejo de Seguridad en todas las cuestiones relativas a las necesidades militares del Consejo para el mantenimiento de la paz y la seguridad internacional, al empleo y comando de las fuerzas puestas a su disposición, a la regulación de los armamentos y al posible desarme, se establecerá un Comité de Estado Mayor. El cual, estará integrado por los Jefes de Estado Mayor de los miembros permanentes del Consejo de Seguridad o sus representantes. Todo miembro de las Naciones Unidas que no esté permanentemente representado en el Comité será invitado por éste a asociarse a sus labores, cuando el desempeño eficiente de las funciones del Comité requiera la participación de dicho Miembro.

Este Comité, tendrá a su cargo, bajo la autoridad del Consejo de Seguridad, la dirección estratégica de todas las fuerzas armadas puestas a disposición del Consejo.

Si el Consejo de Seguridad tomare medidas preventivas o coercitivas contra un Estado, cualquier otro Estado, sea o no Miembro de las Naciones Unidas, que confrontare problemas económicos especiales originados por la ejecución de dichas medidas, tendrá el derecho de consultar al Consejo de Seguridad acerca de la solución de esos problemas.

El primer paso será la determinación de la existencia de una amenaza o un quebrantamiento de la paz o un acto de agresión, según el art. 39 de la Carta, esta determinación corresponde al Consejo de Seguridad.

La «guerra fría» entre Estados Unidos y la Unión Soviética en los años posteriores a la II Guerra Mundial, son las causas que impidieron que la acción coercitiva prevista en el art. 42 de la Carta, se aplicara del modo previsto. Hasta el año 1966, y en el contexto de la política de descolonización que llevó al Consejo de Seguridad a considerar la situación de Rodesia (actualmente Zimbague) como una amenaza para la paz, no se procedió a la aplicación de sanciones económicas.

Sin embargo, es conveniente precisar que las operaciones de mantenimiento de la paz, conocidas popularmente como el envío de «cascos azules» no son medidas coercitivas de las Naciones Unidas según el art. 42 de la Carta, sino «acciones de tipo más preventivo que represivo» a través de las cuales las Naciones Unidas, en un nuevo rasgo de su función pacificadora, perseguían rebajar la temperatura de los conflictos y armonizar las crisis internacionales a través de la presencia de tropas que precisa del consentimiento previo del Estado en el que han de actuar.

Las crisis más importantes en las que participaron las Naciones Unidas, en el siglo XX, y en las que desarrollaron medidas coercitivas, son las siguientes:

Crisis de Korea 1950

La falta de conclusión de los convenios especiales entre los Estados miembros y el Consejo de Seguridad previstos en el art. 43 de la Carta, y las situaciones existentes en los primeros años de vida de la organización de las Naciones Unidas, hicieron que cuando en 1950 tuvo lugar la crisis de Corea, se adoptaran medidas que suplieran las deficiencias institucionales y operativas del sistema. El 25 de junio de 1950 el Consejo de Seguridad en ausencia del representante de la Unión Soviética, calificó la invasión de Corea del Sur por las tropas de Corea del Norte como un quebrantamiento de la paz.

El 27 de junio, el Consejo de Seguridad recomendó a los Estados Miembros de las Naciones Unidas que ayudaran a Corea del Sur a repeler la agresión.

El 7 de julio de ese mismo año, el Consejo de Seguridad felicitó por la acogida dada por numerosos países a su recomendación, aceptó que el mando de las fuerzas fuera asumido por los Estados Unidos y autorizó también al uso de la bandera de las Naciones Unidas.

Una vez reincorporado el representante de la Unión Soviética al Consejo de Seguridad, el 1 de agosto de 1950 este vetó que se adoptarán decisiones en las que se aplicara el art. 42 de la Carta. La Asamblea General en su Resolución 377, de 3 de noviembre de 1950, que recibe el nombre de «Unidos para la Paz» estableció que « si el Consejo de Seguridad, por falta de unanimidad entre sus miembros permanentes, deja de cumplir con su responsabilidad primordial de mantener la paz y la seguridad internacional, en todo caso en que resulte haber una amenaza a la paz, un quebrantamiento de la paz o un acto de agresión, la Asamblea General examinará inmediatamente el asunto con miras a dirigir a los miembros recomendaciones apropiadas para la adopción de medidas colectivas inclusive, en caso de quebrantamiento de la paz o acto de agresión, el uso de fuerzas armadas cuando fuere necesario, a fin de mantener o restaurar la paz y la seguridad internacional.

Crisis de Suez

El mecanismo que se ha señalado con anterioridad, se puso en funcionamiento con motivo de la crisis de Suez de 1956. Mediante resoluciones de la Asamblea General se encomendó al Secretario General la constitución de la Fuerza de Urgencia de las Naciones Unidas, con el fin de asegurar y supervisar el cese de las hostilidades entre Egipto, por un lado e Israel, Gran Bretaña y Francia por otro. Los países socialistas criticaron la legalidad de estas medidas y se pusieron de manifiesto los límites del sistema.

Crisis del Congo

En la crisis del Congo, actualmente Zaire, el Congreso de Seguridad mediante Resolución 143 de 14 de julio de 1960, autorizó al Secretario General a suministrar al Gobierno del Congo la asistencia militar necesaria hasta que recuperase el control del orden interno. Diversos países miembros suministraron contingentes militares que se colocaron bajo la autoridad del Secretario General. Ante el aumento de la gravedad de la situación, el Consejo de Seguridad autorizó el uso de las armas para impedir la guerra civil, por medio de la resolución 161 de 21 de febrero de 1961, y para acabar con la presencia en el país de mercenarios extranjeros, especialmente en la provincia de Katanga, a través de la Resolución 169 de 24 de noviembre de 1961. Con posterioridad, el Consejo de Seguridad aprobó diversas operaciones de mantenimiento de la paz en Chipre (1964), Oriente Medio (1973), sin que autorizara el uso de la fuerza por parte de los contingentes militares suministrados voluntariamente por los Estados Miembros participantes en diversas operaciones.

Disolución de la Unión Soviética e invasión de Kuwait

El cambio que en la escena internacional produjo la disolución de la Unión Soviética y la invasión de Kuwait por Irak a primeros de agosto de 1990 propiciaron una situación en la que el Consejo de Seguridad pareció asumir el papel de órgano de policía de la comunidad internacional contra el agresor.

El 29 de noviembre de 1990, mediante la Resolución 678, el Consejo de Seguridad fijó el 15 de enero de 1991 como fecha límite para que Irak se retirase de Kuwait y autorizó a «usar todos los medios necesarios» para que se cumplieran sus resoluciones anteriores en las que se obligaba a Irak a retirar sus tropas de Kuwait.

Crisis de la antigua Yugoslavia

En la crisis de la antigua Yugoslavia, el Consejo de Seguridad, en la Resolución 770, de 13 de agosto de 1992, después de reconocer que la situación de Bosnia-Herzegovina constituía una amenaza para la paz y la seguridad internacional, y que el suministro de la ayuda humanitaria era un elemento importante de los esfuerzos del Consejo para restaurar la paz, insto a los Estados a adoptar en el plano nacional o por conducto de organismos o mecanismos regionales todas las medidas necesarias para facilitar en coordinación con las Naciones Unidas, la ayuda humanitaria. Después de haber decidido establecer algunas zonas seguras como una medida provisional de emergencia, el Consejo de Seguridad en la Resolución 836 de 4 de junio de 1993, autoriza a la Fuerza de Protección de las Naciones Unidas en Bosnia-Herzegovina (UNPROFOR) a que «actuando en legítima defensa, adopte todas las medias necesarias, incluido el uso de la fuerza en respuesta a los bombardeos contra las zonas seguras efectuados por cualquiera de las partes».

Somalia y Ruanda

En la resolución 814, de 26 de marzo de 1992, relativa a Somalia y en la Resolución 872, de 5 de octubre de 1993, sobre la situación en Ruanda, el Consejo de Seguridad autorizó también el uso de la fuerza.

Somalia y Ruanda En la resolución 814, de 26 de marzo de 1992, relativa a Somalia y en la Resolución 872, de 5 de octubre de 1993, sobre la situación en Ruanda, el Consejo de Seguridad autorizó también el uso de la fuerza.

Gracias a estas y otras resoluciones adoptadas durante los últimos años, el Consejo de Seguridad ha pasado a desarrollar funciones que han sido calificadas de «funciones casi gubernamentales», que en todo caso exceden del marco previsto en los artículos de la Carta dedicados a la potestad coercitiva del Consejo de Seguridad.

Algunos han visto esta evolución como una recuperación del papel originario que se le había atribuido el Consejo de Seguridad. Sin embargo, la cuestión es algo más compleja. No puede afirmarse que en estos casos el Consejo de Seguridad haya adoptado medidas de acuerdo con las disposiciones de la Carta, aunque en la mayoría de las resoluciones se incluyen una referencia genérica al Capítulo VII de la Carta, pero es evidente que, en ausencia de los convenios especiales de suministro de tropas previstos en el art. 43, no se trate de medidas coercitivas del Consejo de Seguridad basadas en el art. 42 y ss. de la Carta.

Algún sector doctrinal ha apuntado la posibilidad de que el art. 48 en el que se señala: «La acción requerida para llevar a cabo las decisiones del Consejo de Seguridad», este podrá ser ejercida por todos los miembros o sólo por algunos según lo determine el propio Consejo, lo que podría proporcionar una base jurídica a estas resoluciones.

Pero, aparte de que en estos casos no hay requerimientos, sino autorización para hacer uso de la fuerza, es muy dudoso que el art. 48 pueda aplicarse con independencia del resto de las disposiciones del Capítulo VII. Tampoco son acciones basadas en el art. 51 porque el ejercicio del derecho de legítima defensa no precisa, por definición, de autorización alguna. Quizás una explicación más ajustada se encuentre fuera del Capítulo VII en una interpretación dinámica de la Carta.

El art. 106 dispone que mientras no entren en vigor los convenios especiales previstos en el art. 43 de la Carta, los Estados Unidos, la Unión Soviética, el Reino Unido, China y Francia, tal como preveía la Declaración de Moscú de 30 de octubre de 1943 celebrarán consultas entre sí y cuando a ello hubiere lugar, con otros miembros de la Organización, a fin de acordar en nombre de esta la acción conjunta que fuera necesaria para mantener la paz y la seguridad internacional.

La Carta, pues, no excluía que pudieran adoptarse medidas de conformidad con el Capítulo VII con independencia de los medios contemplados en los art. 43 y siguientes para realizar la acción coercitiva necesaria. Mayor peso tiene, sin embargo, el argumento de que la Carta más que un conjunto rígido de normas puede considerarse como un marco normativo evolutivo que deja al Consejo de Seguridad un cierto margen de discreción para aplicar el Capítulo VII en función de las situaciones a que deba hacer frente. Al igual que las operaciones de mantenimiento de la paz, las autorizaciones de uso de la fuerza decididas por el Consejo de Seguridad no se fundan en disposiciones concretas de la Carta, pero se ajustan a la idea expresada en el preámbulo de que «no se usará la fuerza armada, sino en servicio del interés común».

Ante la imposibilidad de situar las autorizaciones dadas durante el conflicto del Golfo en la cuadrícula numerada del articulado de la Carta la opinión dominante dedujo que el Consejo de Seguridad había creado un mecanismo nuevo y un modelo para el futuro.

De acuerdo con esta valoración «el sistema ha desarrollado una alternativa viable, en el marco de los términos de la Carta, que permite que el Consejo autorice a los Estados que se unan en una acción de policía ad hoc, caso por caso». En esta evolución se da la paradoja de que mientras el Consejo de Seguridad ha aumentado los casos de autorización del uso de la fuerza que se extienden a la legítima defensa de las fuerzas participantes, la protección de las operaciones de mantenimiento de la paz y el suministro de ayuda humanitaria, las cada vez más frecuentes autorizaciones de uso de «todos los medios necesario» son objeto de un control cada vez más estricto e implican en la práctica un menor uso de la fuerza armada, que no siempre es necesaria para los fines que se pretenden alcanzar, según considera Freudenschuss.

La acción contra los Estados enemigos (Art. 107)

El art. 107 de la Carta dice que ninguna de las disposiciones de la Carta y por tanto el principio de prohibición del uso de la fuerza, «invalidará o impedirá cualquier acción ejercida o autorizada como resultado de la II Guerra Mundial, con respecto a un Estado enemigo...».

Esta disposición tiene su razón de ser en el hecho de que cuando se adoptó la Carta, la II Guerra Mundial no había terminado porque la guerra seguía con Japón y no podía excluirse que rebrotara algún foco de hostilidades en algún otro lugar.

Actualmente, con el ingreso en las Naciones Unidas de Alemania y Japón como «Estados amantes de la Paz», hay que considerar que el art. 107 como una disposición que, en virtud de la costumbre contraria a la norma, ha originado la abrogación en la práctica de esta excepción al principio de la prohibición del uso de la fuerza.

Legítima defensa

La legítima defensa se recoge en el art. 51 de la Carta de las NU, que dispone:

> Ninguna disposición de la carta menoscabará el derecho inmanente de legítima defensa, individual o colectiva, en caso de ataque armado a un miembro de UN, hasta tanto que el Consejo de Seguridad se haya tomado las medidas necesarias para mantener la paz y la seguridad internacional. Las medidas tomadas por los miembros en ejercicio del derecho de legítima defensa serán comunicados inmediatamente al Consejo de Seguridad, y no afectarán en manera alguna la autoridad y responsabilidad del Consejo conforme a la presenta Carta para ejercer en cualquier momento la acción que estime necesaria con el fin de mantener o restablecer la paz y la seguridad internacional.

Al consagrarse el derecho de legítima defensa en la Carta, se rompió con la tradición de silencio que al respecto habían seguido tanto el Pacto de la Sociedad de Naciones como el Pacto Briand-Kellog. En ambos casos la omisión no significaba que el recurso a la fuerza contra un ataque armado de otro Estado estuviese vetado, muy al contrario, los Estados partes en los Pactos entendieron que el derecho de legítima defensa se derivaban implícitamente del conjunto normativo de ambos instrumentos convencionales.

Antecedentes históricos

Sin disminuir la importancia de la tipificación de tal instituto, resulta oportuno destacar que la institución de la legítima defensa es anterior a la existencia de las Naciones Unidas. Por lo que puede ser oportuno, para estudiar su desarrollo durante la historia, retrotraerse en el tiempo hasta el momento en que se comenzó a justificar las acciones bélicas de los Estados a través de la legítima defensa.

El caso tomado por la doctrina y el derecho internacional como primer y fundamental antecedente corresponde al del buque Caroline. El episodio tuvo lugar en 1837 cuando se encontraba en curso una rebelión en Canadá en contra de la Corona Británica. Varios insurgentes canadienses obtuvieron apoyo Estadounidense de la ciudad de Buffalo. Un cuerpo de alrededor de 100 personas, en su mayoría ciudadanos de Estados Unidos, tomaron Navy Island, que yacía en el río Niagara del lado canadiense de la frontera, utilizándola como base para incursiones en la costa. Un buque a vapor llamado Caroline, de bandera Estadounidense, era usado para trasportar armas y provisiones al grupo en la isla. Debido a la indiferencia de las autoridades estadounidenses, los británicos decidieron que la única manera de impedir el tráfico de provisiones era destruir el Caroline. Cuando el Caroline se encontraba haciendo una pausa entre los trayectos de provisiones en el Fuerte Schlosser, en el Estado de Nueva York, varios soldados británicos lo abordaron. Dispararon contra la tripulación indefensa, que abandonó el buque. Dos americanos murieron a causa de los disparos, mientras que otros dos fueron temporáneamente tomados como prisioneros y llevados a Canadá. Los ingleses incendiaron el buque y lo dejaron a la deriva hacia las Cataratas del Niágara.

Gran Bretaña justifico su accionar aduciendo legítima defensa. El caso obtuvo aún más notoriedad gracias al intercambio diplomático entre el entonces Secretario de

Estado norteamericano, Daniel Webster, y su homólogo británico. En 1842 Webster se dirigió al gobierno Británico, al cual hizo responsable de lo sucedido, debido a que no se podía utilizar la legítima defensa en el caso en cuestión por que no existía una guerra entre los dos Estados, lo que convertía al Caroline en un buque de bandera neutral. Para que la legítima defensa invocada por los ingleses fuese valida, según Webster, Gran Bretaña debía probar una necesidad de defensa propia urgente, abrumadora, que no dejara lugar a la elección de los medios ni tiempo a la deliberación. Incluso, para legitimar la incursión inglesa en territorio estadounidense, se debía establecer que el accionar no había sido ni irrazonable, ni excesivo; dado que los actos justificados por la necesidad de la defensa propia deben ser limitados por aquella necesidad y mantenidos claramente dentro de sus límites. Lord Ashburton, Ministro de Relaciones Exteriores Británico, aceptó los principios esgrimidos por Webster, pero argumentó que el caso en cuestión encuadraba con lo expuesto. Hubo, entonces, un acuerdo en el derecho, pero no en los hechos. De todas formas a través de los acuerdos Webster—Ashburton el último se disculpó por el hecho de que la acción necesitó una violación al territorio Estadounidense.

Aquella noción de legítima defensa pasó a convertirse en el derecho consuetudinario de la época, y por lo tanto se exigía la presencia de tres elementos:

a) Que la acción fuera respuesta a una amenaza apremiante.
b) Que la amenaza no pudiera evitarse por otros medios.
c) Que la fuerza utilizada fuera proporcional al peligro.

A partir del caso Caroline, y hasta la aparición de la Carta en 1945, para que sea licita la invocación de la legítima defensa debía existir un ataque armado en desarrollo contra el territorio del Estado que se defendía; aún cuando el ataque no se hubiese aún producido si aquel era inminente. Lo último conformaba la legítima defensa preventiva. El ataque en cuestión, o la amenaza de tal, debía ser dirigido contra intereses estatales, como el territorio, pero también contra los nacionales del Estado, sus bienes y otros derechos otorgados por el derecho internacional.

Durante la segunda mitad del siglo XIX y la primera del XX abundaron en la historia mundial los casos donde se justificaron guerras en nombre de la defensa propia. Lo que convirtió a la legítima defensa en un instituto amplio y flexible a la voluntad de los Estados.

Por ejemplo, la protección de los nacionales de los Estados o de sus bienes fueron los justificativos para que los británicos emprendiesen la Guerra de los Boers de 1899 en Sudáfrica y para justificar el bloqueo naval «pacífico» por parte de Alemania, Gran Bretaña e Italia contra Venezuela en 1902.

Durante los años 30 varios Estados utilizaron la legítima defensa de los intereses vitales de la nación, también entendida como derecho a la «auto-preservación», para justificar ataques armados. Son así los casos de Japón en Manchuria e Italia en Etiopía. Durante los inicios de la Segunda Guerra Mundial, la Alemania nazi excusó su ataque a Polonia en la legítima defensa; y también así lo hizo, aunque en este caso con razón, Finlandia ante el ataque de la Unión Soviética.

La legítima defensa en la Carta de las Naciones Unidas

La legítima defensa se encuentra codificada en el artículo 51 de la Carta, cuyo contenido ha sido expuesto con anterioridad. Ahora bien, existe un debate en la doctrina internacional a cerca de si el artículo 51, complementado con el artículo 2 párrafo 4, agota el actual derecho consuetudinario respecto de la legítima defensa; o si por el contrario, se puede recurrir a otras fuentes del derecho internacional que amplíen o regularicen aún más el instituto.

Los partidarios de la doctrina restrictiva argumentan que la Carta remplaza enteramente el derecho anterior y que aquellos artículos configuran todo el derecho de legítima defensa. De esta manera en orden a que un Estado pueda argumentar su defensa propia debería, con anterioridad, demostrar que un ataque armado en contra de aquel ha sucedido.

Los efectos de una interpretación literal de la frase «en caso de ataque armado...» conllevan a que un Estado deba esperar hasta que un ataque armado haya efectivamente comenzado, y cualquier especie de relajación de aquel requisito, como que el Estado victima pueda ejercitar la fuerza antes de que el ataque inicie, resulte un alejamiento de los estrechos límites del artículo 51.

Este punto de vista es criticado como una irreal interpretación del artículo 51 de la Carta. Se arguye que aquellos efectos restrictivos convierten al Estado atacado en un blanco fácil. En particular, esta doctrina señala que algunas medidas ofensivas en contra de un Estado pueden ser de una naturaleza tan devastadora que si al Estado defensor le es requerido esperar hasta que el ataque haya efectivamente sucedido, ninguna defensa efectiva sería posible.

Una de las formas de sortear la restrictiva interpretación de la frase «en caso de ataque armado...» es aquella de reinterpretarla en el sentido de que «en caso de que un ataque armado haya comenzado a tener lugar». Dos ejemplos históricos pueden ser útiles para entender mejor.

En primer lugar, el ataque a Pearl Harbour en 1941: al respecto surgen una serie de preguntas, como son ¿Cuándo se considera que los Estados Unidos estaban siendo atacados por Japón?

(o que un ataque se encontraba en camino), cuando los aviones estaban a 300 kilómetros, cuando se soltaron las primeras bombas, cuando la flota japonesa zarpó de Tokio; o cuando el gobierno japonés estaba planeando el ataque. Cuando resulta que un ataque es inminente y solamente puede ser impedido o sus consecuencias reducidas a través de una respuesta militar.

El otro ejemplo se refiere a las Guerra de los Seis Días de 1967. Mayoritariamente se acepta que Israel ejerció una respuesta militar de manera justificada. Con anterioridad a las hostilidades se verificaron acciones beligerantes por parte de los Estados árabes vecinos, Egipto decidió retirar las fuerza de paz de la ONU de la península del Sinaí, también decidió cerrar los estrechos de Tiran a las embarcaciones israelíes, y las fronteras de Israel fueron cercadas por el estacionamiento a gran escala de tropas de Egipto, Siria y Jordania.

Todos estos actos constituían los preparativos de un ataque armado contra Israel. Gracias a una interpretación menos restrictiva del artículo 51 podemos justificar las acciones de Israel por que un ataque armado había comenzado a tener lugar con aquellos preparativos y actos hostiles, sin embargo no son justificables las acciones posteriores de Israel respecto a la ocupación y subsiguiente apropiación del Sinaí y las Alturas del Golán.

Utilizando la interpretación restrictiva de la Carta las acciones de Israel encuadrarían en la categoría de legítima defensa preventiva, la que se analizará posteriormente.

Pero con la aparición de nuevas formas de fuerza ofensiva, el momento en que un ataque armado ha iniciado o ha comenzado a tener lugar resulta difícil de establecer. Si un Estado se encuentra lanzando mísiles de largo alcance a otro, cuando es posible discernir que el ataque armado ha comenzado a ocurrir, ¿Sería admisible que el Estado amenazado tenga que esperar hasta que los mísiles hayan sido efectivamente lanzados?, o, ¿sería suficiente para el Estado defensor con que los mísiles hayan sido cargados en plataformas de lanzamiento y apuntados hacia aquel?. Parte de la doctrina, para resolver casos como estos, se elabora el llamado «acto último irrevocable» satisfaciendo el requisito del artículo 51 de que un ataque armado haya comenzado a tener lugar. En el caso del misil de largo alcance apuntado hacia un Estado amenazado, el acto último irrevocable sería el momento exacto del lanzamiento de los mísiles. A partir de aquel momento el Estado defensor estaría legitimado para responder con fuerza al ataque que comenzó a ocurrir.

CONDICIONES DEL EJERCICIO DE LA LEGÍTIMA DEFENSA

El ejercicio de la legítima defensa queda supeditado al cumplimiento de determinadas condiciones por el Estado que sufre el ataque armado. El incumplimiento de algunas de ellas pude desvirtuar la licitud de las medidas defensivas y hacer incurrir al Estado en responsabilidad internacional.

EL ATAQUE ARMADO

El artículo 51 de la Carta nos indica que el primer requisito para la configuración de la legítima defensa es: el ataque armado. Para que un Estado pueda invocar lícitamente la defensa propia debe haber sido víctima de un ataque armado.

Por ataque armado en general se entiende una operación militar ofensiva con el objetivo de vencer al enemigo, o incluso, simplemente el inicio de hostilidades. Esta noción de ataque armado puede en parte responder a la interpretación del término del artículo 51 acorde al artículo 31, párrafo primero, de la Convención de Viena sobre el Derecho de los Tratados. Según el cual, un tratado debe interpretarse de buena fe conforme al sentido corriente que haya de atribuirse a los términos del tratado.

Sin embargo, el concepto de ataque armado sigue siendo ambiguo. Es necesario, para poder esclarecer completamente tal noción, definir qué acciones por parte de un Estado configurarían un ataque armado que permitiese invocar la defensa propia. La resolución 3314 de la Asamblea General de la ONU en 1974 define como hechos que constituyen un ataque armado a:

La invasión o el ataque por las FFAA de un Estado del territorio de otro Estado, o toda ocupación militar. Aún temporal, que resulte de dicha invasión o ataque, o toda anexión, mediante el uso de la fuerza, del territorio de otro Estado o de parte de él-

El bombardeo, por las FFAA de un Estado, del territorio de otro Estado, o el empleo de cualquiera armas por un Estado contra el territorio de otro Estado.

El bloqueo de los puertos o de las costas del Estado, por las FFAA de otro Estado.

El ataque por las FFAA de un Estado contra las FFAA terrestre, navales o aéreas de otro Estado, o contra su flota mercante o aérea.

La utilización de fuerzas armadas de un Estado, que se encuentran en el territorio de otro Estado con el acuerdo del Estado receptor, en violación de las condiciones establecidas en el acuerdo o toda prolongación de su presencia en dicho territorio después de terminado el acuerdo.

La acción de un Estado que permite que su territorio, que ha puesto a disposición de otro Estado, sea utilizado por ese otro Estado para perpetrar un acto de agresión contra un tercer Estado.

El envió por un Estado, o en su nombre de bandas armadas grupos irregulares o mercenarios que lleven a cabo actos de fuerza armad contra otro Estado de tal gravedad que sean equiparables a los actos antes enunciados o su sustancial participación en dichos actos. Este último supuesto, se conoce con el nombre de «ataques indirectos».

La enumeración de estos actos no es exhaustiva, y el Consejo de Seguridad podrá determinar que otros actos constituyen agresión, con arreglo a las disposiciones de la carta, según lo señalado en el art. 4 de la Resolución 3314.

En cambio, no tendrían la consideración de ataque armado otras formas de asistencia a una facción empeñada en lucha civil contra el gobierno constituido de otro Estado, según opinión de la Corte Internacional de Justicia en el fallo sobre el asunto de Nicaragua vs. Estados Unidos.

La Corte decidió que el suministro de armas, el financiamiento, las facilidades para el entrenamiento y el general apoyo a los «Contras» para pelear contra el gobierno de Nicaragua constituían un uso ilegal de la fuerza, pero no equivalían a una ataque armado que autorizara a Nicaragua a responder por la fuerza contra Estados Unidos, excepto naturalmente dentro de su territorio y contra las bandas armadas en cuestión.

Sólo podría tomar contra el Estado que ha organizado el apoyo a los insurgentes «contramedidas proporcionales», que la Corte no define.

Por lo que, entonces, en las situaciones en donde un Estado está efectivamente involucrado, a un cierto nivel, en la comisión de actos de violencia no-estatal, es aceptado que aquel involucramiento es equivalente a un ataque armado y puede desencadenar la legítima defensa. Basándose en tales conclusiones, la intervención de los Estados Unidos y sus aliados en Afganistán después del 11 de septiembre puede ser, dejando de lado los detalles controversiales, justificada como defensa propia.

Desgraciadamente, son las acciones de los Estados en la práctica las que nos permiten estudiar qué actos configuran ataque armados y cuáles no. Es cierto que ciertas acciones son indiscutiblemente de naturaleza bélica y justifican la utilización de la fuerza para repelerlos; pero otros sucesos resultan más ambiguos y de menor gravedad para justificar la legítima defensa.

La necesidad

La necesidad en la legítima defensa indica que el uso de la fuerza debe ser el único medio, al que puede recurrir el Estado, no teniendo otros distintos a su alcance para detener la agresión. Recurrir a la fuerza debe ser el último medio posible para defenderse y el Estado debe demostrar que la amenaza a la que se enfrentó constituyó un nivel suficiente de gravedad para justificar una respuesta armada. La necesidad en el uso de fuerza para repeler un ataque no significa que con anterioridad al ejercicio de la defensa, el Estado deba agotar las instancias diplomáticas; sino que por el contrario, el Estado debe probar que resultaba inviable tomar aquellas medidas. La gravedad de la situación debe ser tal que el uso de fuerza es indispensable para poder resistir y responder, dejando de lado las demás opciones por no poder resolver la cuestión de forma inmediata.

La proporcionalidad

La proporcionalidad va referida al quantum de fuerza que el Estado atacado debe emplear para repeler la fuerza del Estado agresor. La proporcionalidad está en función no sólo del tipo de fuerza comprometida, sino también de la finalidad de la legítima defensa: desactivar el ataque armado.

Volviendo al caso de la Guerra de los Seis Días, la destrucción de la totalidad de la fuerza aérea egipcia y más de la mitad de los tanques sirios no parecería una respuesta excesiva por parte de Israel si se tiene en cuenta que las fronteras de aquel se encontraban rodeadas de tropas enemigas prontas a atacar. Sin embargo, la legítima defensa israelí terminó en el momento en el cual el ataque agresor había sido neutralizado, la subsiguiente ocupación y apropiación de territorios extranjeros no se encontraban justificadas por la defensa propia.

Un ejemplo claro de exceso en la legítima defensa lo constituye la intervención Estadounidense en Camboya durante 1972. Desde hacía unos meses el Vietcong era ayudado por milicias comunistas camboyanas, que incursionaban en el territorio de Vietnam del Sur y atacaban a las tropas americanas. El débil gobierno de Camboya repudiaba tales ataques pero en la práctica actuaba con bastante indiferencia. Estados Unidos prosiguió, entonces, a tomar cartas en el asunto y autorizó un extensivo bombardeo del territorio camboyano en donde se encontraban las milicias comunistas.

El bombardeo continuó hasta 1974, y causó más de 200 mil víctimas civiles. Ahora bien, sin entrar en la controversia acerca de la legitimidad del conflicto vietnamita, los Estados Unidos se encontraban justificados en incursionar en territorio camboyano y neutralizar a las milicias. Existía un ataque armado por parte de bandas que eran ayudadas por un gobierno y existía la necesidad de violar la soberanía camboyana para finalizar con la agresión. Pero, sin duda alguna, no se verificó alguna proporcionalidad en los medios utilizados para enfrentar a las milicias. Por lo cual, las acciones de Estados Unidos en tal situación no constituyeron legítima defensa, siendo por tanto ilícitas.

La inmediatez

La acción de legítima defensa debe guardar inmediatez con el desarrollo del ataque armado. La falta de inmediatez puede trasmutar un lícito ejercicio de la legítima defensa en una infracción del artículo 2 párrafo 4 de la Carta, por ejemplo, a título de represalias armadas. Fue probablemente el caso, sometido a la Corte, del bombardeo de dos plataformas petrolíferas iraníes en el golfo Pérsico por aviones de los Estados Unidos, en 1987, 48 horas después que Irán bombardeara dos buques mercantes estadounidenses. El Presidente Reagan declaró que se había tratado de un ejercicio del derecho de legítima defensa establecida por la ONU, pero el Secretario de Defensa de dicho país se traicionó al advertir que quizás serían necesarias nuevas represalias contra Irán. Una válida legítima defensa en el caso que nos ocupa hubiera sido desplegada in situ para repeler el ilícito bombardeo iraní; el lapso de 48 horas y la elección de objetivos no militares denotan que la medida de reacción norteamericana se trasmutó en una represalia armada, no conforme al Derecho Internacional.

Sin embargo, el lapso temporal no debe enjuiciarse en términos absolutos. Mientras subsista el ataque armado, o incluso la ocupación armada del territorio estatal, puede entenderse como inmediata la reacción militar que desencadene el agredido. La inmediatez debe considerarse a la luz del tiempo necesario para que el agredido prepare la respuesta armada y del juego que pueda dar la existencia de un sistema de seguridad colectiva liderado por las Naciones Unidas. Por estas razones, tanto la invasión egipcia del Sinaí en la Guerra de Yom Kippur en 1973 y la invasión de Malvinas por parte de Argentina en 1982, no constituyen acciones de legítima defensa aunque hayan sido llevadas a cabo en su nombre con el objetivo de recuperar territorios ilegítimamente ocupados por Israel y Gran Bretaña respectivamente.

PROVISIONALIDAD Y SUBSIDIARIDAD

La legítima defensa debe ser provisional y subsidiaria de la acción del Consejo de Seguridad, lo que resulta congruente con la responsabilidad primordial que se atribuye al órgano de la ONU en el mantenimiento de la paz y la seguridad internacional. Por lo cual, al Estado o Estados que ejercen la legítima defensa se les exige la inmediata comunicación al Consejo de Seguridad de las medidas adoptadas a título de legítima defensa. Porque, si bien no es necesaria autorización alguna del Consejo de Seguridad para la adopción de tales medidas, ni siquiera poner preventivamente en su conocimiento de la ejecución de las mismas, el Estado afectado debe detener su respuesta armada cuando aquel órgano de la ONU tome las medidas necesarias para mantener la paz y la seguridad internacional.

El cumplimiento por un Estado de la obligación de información al Consejo de Seguridad de las medidas que se adoptan a título de defensa propia puede ser interpretado incluso como un indicador de que dicho Estado está convencido de que su acción armada se encuentra justificada y amparada por dicha excepción. Aunque hay quienes se encuentran contrarios a esta interpretación, la Corte Internacional de Justicia lo ha constatado así en el asunto de las actividades militares y para militares en y contra Nicaragua en 1986.

Se habla de provisionalidad y subsidiaridad porque el Estado actúa desde que sufre el ataque armado y hasta que el Consejo de Seguridad adopta las medidas adecuadas para el mantenimiento de la paz internacional. Pero no resulta nada fácil determinar cuándo se produce ese momento, esto es, cuándo el Consejo de Seguridad decide las medidas adecuadas en una situación concreta. Tomemos como ejemplo la invasión de Kuwait por parte de Irak. El Consejo de Seguridad adopta, el mismo día de la invasión, un conjunto escalonado de medidas acorde al Capítulo VII de la Carta. La autorización del uso de fuerza con base en el artículo 42 de la Carta es decidida tres meses con posterioridad a la invasión. Por lo que resulta importante definir cuando es que el Consejo de Seguridad tomó las medidas adecuadas para restablecer la paz y seguridad internacional. Si Kuwait hubiese requerido asistencia militar a otro Estado, el último se hubiese encontrado legitimado a pesar del conocimiento de la situación por parte del Consejo desde el primer día; o el Estado que socorriese al Emirato podría haber intervenido solo hasta cuando se autorizara el uso de fuerza.

Resulta indispensable poder aclarar la articulación de la legítima defensa con el sistema de seguridad colectiva para poder conocer cuáles son las medidas adecuadas para restablecer la paz y la seguridad internacional y quien debe enjuiciar la adecuación de tales medidas. En una situación de crisis, una vez iniciada la legítima defensa, ésta sólo se paralizará si se logra el objetivo de repeler el ataque, o en el momento en que las medidas del Consejo de Seguridad provean efectivamente a la defensa efectuada hasta entonces por el Estado agredido. Sostener que éste debe abandonar la defensa de su territorio en el momento en que el Consejo adopta decisiones del Capítulo VII, aunque implique el uso de la fuerza, sin esperar a su ejecución, invalida claramente el sentido de la legítima defensa.

En cambio, si producida la agresión, no se hubiera ejercitado la legítima defensa no es razonable que el Estado agredido que ha urgido la intervención del Consejo en la resolución de la crisis no espere a observar la eficacia de las medidas adoptadas por aquél para restablecer la paz y la seguridad internacional. Sólo si la acción del Consejo de Seguridad quedara paralizada por la interposición de un veto de uno de los miembros permanentes, el derecho a la legítima defensa seguirá subsistiendo, en la medida en que no resulte perjudicado por el desvanecimiento de la inmediatez de la respuesta defensiva.

EL OBJETO DE LA LEGÍTIMA DEFENSA

Es preciso delimitar el objeto de la legítima defensa. Está claro cuál es el fin: repeler un ataque armado. Pero ¿un ataque armado contra qué cosa? Toda la doctrina, refiriéndose al artículo 2 párrafo 4 de la Carta de las Naciones Unidas, concuerda en que la legítima defensa incluye el uso de fuerza contra un ataque armado dirigido contra la integridad territorial o la independencia política de un Estado.

¿Pero qué sucede a cerca de un ataque armado contra buques y aeronaves nacionales sobre el alta mar; o contra nacionales en el extranjero; o contra propiedad nacional en el extranjero; o contra los intereses vitales de un Estado? ¿Sería posible amparar las acciones de un Estado en nombre de la legítima defensa en tales situaciones?, al respecto cabe señalar:

La legítima defensa del territorio y de la independencia política del Estado

Parece claro que en el Estado presente del derecho internacional, una nación puede utilizar legalmente la fuerza con el fin de repeler un ataque armado de otra que ha vulnerado su integridad territorial o su independencia política. La aplicación conjunta de los artículos 2, párrafo 4, y 51 de la Carta.

Una de las dificultades que pueden surgir es cuando tiene lugar un uso de fuerza por parte de un Estado agresor que no configura un ataque armado. Tal caso pude ser cuando, durante un desastre natural, un Estado extranjero intenta entorpecer las comunicaciones radiales esenciales del Estado víctima. Aquí, tendríamos un caso en donde fuerza que no involucra un ataque armado es aplicada contra el territorio de un Estado. El Estado afectado estaría legitimado en responder, siempre y cuando sea proporcional a la agresión.

Ahora bien, los casos de legítima defensa de la integridad territorial o la independencia política de un Estado adquieren una mayor dificultad cuando se presentan en un contexto de descolonización. A partir de la década de los 50 hasta los noventa se verificaron cientos de conflictos en donde las potencias colonizadoras impedían a través del uso de fuerza la independencia de sus posesiones amparándose en la legítima defensa o en la jurisdicción interna de los Estados. Debemos tener en cuenta que varias resoluciones de la Asamblea General de la ONU han declarado que el empleo de la fuerza armada por las autoridades metropolitanas para privar a los pueblos, de los territorios no autónomos pendientes de descolonización, de su derecho a la libre determinación cae bajo la prohibición del artículo 2, párrafo 4 de la Carta. Por lo tanto, una vez comenzado el conflicto por la liberación, la potencia colonizadora no podría justificar una respuesta armada en nombre de la defensa propia.

Existe un acuerdo general en la doctrina respecto a esto último; pero se verifica un desacuerdo bastante pronunciado respecto a una reivindicación territorial de naturaleza colonial. Es decir, ¿se encuentra un Estado legitimado en tomar por la fuerza un territorio poseído por otro a titulo colonial?; y a su vez, ¿estaría actuando bajo la legítima defensa la nación metropolitana al responder a tal ocupación con un ataque armado?

La historia de la descolonización revela que la satisfacción de las reivindicaciones territoriales en algunas ocasiones se ha consumado mediante actos de fuerza del Estado reclamante. Dos casos con consecuencias contrarias el uno del otro nos ayuda. En 1961, la India consumió su control sobre las regiones de Goa, Diu y Damao mediante una intervención militar en detrimento de Portugal. La reivindicación territorial se encontraba en el Comité de Descolonización de la ONU, por lo que Portugal reconocía el diferendo territorial. La intervención militar fue seguida de una protesta lusitana; al fin de cuentas la antigua potencia ibérica terminó por aceptar la cuestión como un fait accomplí. La India fue criticada por no haber respetado el curso normal de las negociaciones. Aquella fundamentó su accionar en la legítima defensa, argumentando que el derecho a responder no había caducado debido a la continua ocupación portuguesa por lo que la intervención militar era lícita y constituía el único medio posible para recuperar el territorio perdido.

Un caso similar fue el de la ocupación militar de las islas Malvinas en 1982 por parte de Argentina. En 1965 la Asamblea General aprobó su primera resolución reconociendo la disputa con Gran Bretaña e invitando a las partes a negociar una solución pacífica en la que se tuviera en cuenta los intereses de los habitantes de las islas. Las negociaciones entre ambos países avanzaban con una lentitud «glacial» pero se había llegado a ciertos acuerdos informales a principios de 1982. De todas maneras, el gobierno argentino decidió invadir las islas en abril del mismo año. Cabe destacar que la ocupación se desarrollo sin que se derramara una sola gota de sangre británica.

Argentina justificaba la legalidad de la invasión basándose en el derecho de la legítima defensa del territorio. Gran Bretaña justifico su respuesta armada en la misma institución. La guerra de poca duración concluyó con la derrota argentina y la recuperación de las islas por los británicos. La comunidad mundial rechazó la acción argentina debido a la ilegitimidad del uso de la fuerza para conquistar ese territorio cuyo título era sujeto de negociaciones pacíficas.

Por lo que respecto a la descolonización, la doctrina mayoritaria piensa que el empleo de la fuerza para hacer realidad una reivindicación territorial de naturaleza colonial aceptada como tal por las Naciones Unidas no es contraria a derecho, debido a que configuraría legítima defensa, cuando existe una proporción entre los medios empleados y el objetivo perseguido, lo que solo caso por caso podría ser apreciado.

Las potencias coloniales no podrían luego responder militarmente contra los territorios independizados debido a que el recurso de la fuerza de las últimas no atentaría contra la integridad territorial o la independencia política de las primeras porque en el derecho de la descolonización la condición jurídica del territorio colonial es distinta a la del territorio metropolitano. Incluso se piensa que los posibles ataques armados de las potencias colonizadoras serían incompatibles o contrarios con los Propósitos de las Naciones Unidas, cuando uno de sus objetivos históricamente más importante ha sido la descolonización.

Por otro lado, la situación es distinta cuando el caso de descolonización se trata de un Estado usurpado y amputado de una porción de su territorio. Parte de la doctrina entiende que el Estado reivindicador se encuentra legitimado por la defensa propia en recuperar el territorio ocupado a través del uso de fuerza militar. Una vez eliminada la situación colonial, el empleo de la fuerza por la potencia desalojada para recomponer el statu quo ante, indeseable desde el punto de vista de los objetivos del derecho de la descolonización, no encuentra amparo jurídico en la legítima defensa. No hay legítima defensa, porque no habría ataque armado en curso contra su integridad territorial o independencia política. La doctrina mayoritaria entiende que en estos casos el Estado usurpado solo podría responder militarmente si la ocupación por parte de la potencia colonizadora ha sido reciente y no se encuentran en curso negociaciones acerca la titularidad del territorio en cuestión.

Legítima defensa de los buques y las aeronaves

Los principios de la legítima defensa se aplican a los buques y aeronaves. Aunque se argumente que ataques aislados contra buques y aeronaves no justifica el ejercicio de la legítima defensa, en todo caso, el principio de la proporcionalidad probablemente restringiría la magnitud de las respuestas razonablemente requeridas para repeler el ataque. Un ataque a larga escala sería ilegítimo.

La legítima defensa de los nacionales

Es generalmente aceptado el derecho de los Estados a usar la fuerza con el fin de proteger las vidas de los nacionales en otro Estado cuyo gobierno se rehúsa o se encuentra incapacitado en garantizar la protección de aquellos nacionales extranjeros.

Existen dos argumentos que justifican las medidas de fuerza con aquel fin. El primero es que el uso de fuerza para proteger a los nacionales en peligro es una extensión del derecho de legítima defensa del artículo 51 de la Carta. Parte de la doctrina, argumenta que un ataque o la amenaza de un ataque contra los nacionales de un Estado extranjero constituyen un ataque contra el Estado mismo, y que el Estado al que pertenecen los nacionales en peligro está facultado para tomar medidas con el fin de defender sus propios nacionales de la agresión.

Sin embargo, existen algunas dificultades con la extensión de la finalidad del derecho de la legítima defensa. Dada la interpretación de la Corte Internacional de Justicia en el caso de Nicaragua del concepto de ataque armado, resulta claro que no todas las situaciones de amenazas a las vidas de los nacionales extranjeros alcanzaran la entidad suficiente para constituir un ataque armado contra el Estado cuyos nacionales están en peligro. Por ejemplo, la toma de rehenes de un grupo de nacionales extranjeros con la amenaza de asesinarlos puede no configurar el conjunto cuantitativo de fuerza que la Corte requiere como necesario para justificar una respuesta militar por el Estado amenazado o atacado. Otro problema es caracterizar a un ataque contra nacionales en el extranjero como un ataque contra el Estado mismo.

Aunque, de acuerdo a la doctrina de la responsabilidad de los Estados, un Estado extranjero posee la obligación internacional de proveer protección a los ciudadanos extranjeros, ello no quiere decir que en todos los casos un Estado es automáticamente identificable con sus nacionales.

Un segundo argumento para justificar el derecho de usar la fuerza para proteger a los nacionales es afirmar que el derecho coexiste junto a la Carta como una costumbre internacional y representa una excepción al artículo 2, párrafo 4.

Basándonos en esta doctrina, se llega a la conclusión que cualquier tipo de ataque armado estaría prohibido por el artículo 2, párrafo 4; pero debido a que la prohibición no es absoluta y que el artículo 51 no cubre todos los campos de posibles excepciones a la interdicción del uso de fuerza unilateral, la legítima defensa de los nacionales subsiste como un derecho amparado por la costumbre internacional.

Sin embargo, la excepción a la prohibición general del uso de fuerza es criticada, es cierto que los Estados han ejercido su creencia en el derecho a utilizar la fuerza para proteger a sus nacionales cuyas vidas están en peligro en territorio extranjero. Un ejemplo es la operación israelí en el aeropuerto de la ciudad de Entebbe en Uganda en 1976 para rescatar a ciudadanos israelíes tomados como rehenes por terroristas palestinos que habían secuestrado un vuelo de Air France de Tel Aviv a París y lo habían desviado hacia Entebbe. El comando palestino contaba con la complicidad de las autoridades ugandeses para realizar tales acciones. Fuerzas especiales israelíes volaron a través de espacio aéreo sin autorización, aterrizaron en el aeropuerto, destruyeron algunas edificaciones, una aeronave de la Fuerza Aérea Ugandés y mataron a varios soldados ugandeses. Las fuerzas israelíes rescataron a todos los rehenes en el aeropuerto a pesar de las amenazas de los terroristas de asesinar a uno de ellos cada hora si sus demandas no eran cumplidas. La comunidad internacional en general reconoció la acción israelí como legítima Los críticos de la extensión de la legítima defensa a la protección de los nacionales en peligro en territorio extranjero señalan que tal forma se permitiría justificar futuras intervenciones militares que tienen otros fines reales, como lo ha sido en el pasado. Los Estados Unidos, en dos situaciones distintas, para poder respaldar intervenciones militares en el exterior se excusó en la necesidad de rescatar a ciudadanos Estadounidenses en peligro en aquellos territorios. En 1983 los Estados Unidos invadieron la isla de Granada reclamando como una de sus justificaciones la urgencia de rescatar nacionales norteamericanos cuyas vidas estaban siendo amenazadas por los conflictos internos en aquel país. También, en 1989, Estados Unidos declaró que su invasión de Panamá estaba en parte justificada en la base del derecho de socorrer a sus nacionales que estaban en peligro debido a la negativa del régimen militar de otorgar el control administrativo al gobierno democráticamente elegido. En ambos casos la justificación, basada en la protección de los nacionales, fue altamente dudosa. Tanto en Granada como en Panamá los Estados Unidos tuvieron en mente más que nada la protección de ciertos intereses vitales.

De todas formas, la posibilidad de abusar del derecho a usar la fuerza para proteger a los nacionales en territorio extranjero no implica la negación de tal derecho.

La práctica de los Estados indica que estos creen en la existencia de tal derecho y continuaran ejerciéndolo cuando lo consideren necesario. Pero el ejercicio y la licitud de tal derecho debe estar condicionada al cumplimiento de ciertos requisitos: las acciones de los Estados para rescatar a nacionales en peligro deben ser puntuales en razón de espacio y tiempo; limitadas y proporcionadas en los medios; supeditadas a la ineficiencia del sistema de seguridad colectiva de la Carta; huérfanas de la colaboración, en su caso, del Estado territorial a los efectos de resolver la situación conflictiva, y; encaminadas estrictamente a la protección de las vidas de las personas.

En determinadas ocasiones, logrado el consentimiento del Estado territorial, las dudas sobre la licitud del uso de la fuerza se desvanecen con mayor facilidad, como ocurrió con la intervención alemana en el aeropuerto somalí de Mogadiscio en 1977, la de Egipto en La Valetta en 1985 o la francesa en Argel en 1995.

Tipos de legítima defensa

La legítima defensa colectiva

La legítima defensa colectiva, tiene lugar, cuando un Estado es víctima de un ataque armado y otros acuden en su ayuda. Requiere de las mismas condiciones que la individual, excepto que es necesario un pedido formal del Estado que sufre el ataque.

Estos casos se ven reflejados en las intervenciones de Estados Unidos en Líbano en1958 y de Gran Bretaña en Jordania el mismo año, ambos respondiendo a invitaciones formales de sus respectivos gobiernos.

También existe otra forma de ejecutar la legítima defensa colectiva que es cuando ésta se encuentra formalmente incluida en un tratado de seguridad colectiva como lo es el caso de la OTAN. De esta forma un ataque armado contra uno de los miembros automáticamente implica la defensa de aquel Estado por parte de los miembros restantes. La OTAN ha recurrido a la legítima defensa colectiva a favor de los Estados Unidos debido a los ataques terroristas del 11 de septiembre del 2001.

La legítima defensa preventiva

La legítima defensa preventiva consiste en el uso de la fuerza por parte de un Estado ejercitada frente a un peligro considerado como inminente, pero que todavía no se ha visto reflejado en la concretización de un ataque armado o en la puesta en marcha de los mecanismos que han de desencadenarlo. Tal afirmación pretende sustentarse en la convicción de que la regla contenida en el artículo 51 de la Carta no agota el derecho consuetudinario y que, fuera de la misma, esta institución tiene unos perfiles más permisivos. Es necesario no confundir la legítima defensa preventiva o «anticipatoria» con los conceptos de represalia o ataque preventivo, que serán desarrollados posteriormente, los cuales a diferencia de la primera son considerados por la totalidad de la doctrina como violaciones al derecho internacional; mientras que la legítima defensa anticipatoria es considerada en algunos casos como justificable.

El objetivo de la legítima defensa preventiva, es obtener una ventaja en la iniciativa y dañar al Estado enemigo en el momento de una protección mínima.

Varios expertos señalan el ataque israelí de la Guerra de los Seis Días como un ejemplo de legítima defensa preventiva, dado a que se dirigió contra tropas enemigas reunidas en los límites de Israel preparándose para invadir. Debido al análisis, anterior, a cerca del momento a partir del cual se entiende que un ataque armado ha iniciado, las acciones israelíes corresponderían a una legítima defensa lisa y llana.

En cambio, el Plan Shlieffen, ejecutado por los alemanes contra los franceses durante la Primera Guerra Mundial, es considerado como un ejemplo de legítima defensa preventiva al estar diseñado para superar la posible desventaja de combatir en dos frentes a través de un ataque armado ànticipatorio en contra de un enemigo de lenta movilización a la primera señal de escalada del conflicto. Obviamente se hace referencia al plan militar en abstracto y no al ejecutado en concreto que implicó la invasión de la neutral Bélgica.

Durante la Segunda Guerra Mundial, una vez ocurrida la Operación Barbaroja en 1941, que consistía en la invasión de la Unión Soviética por parte de la Alemania Nazi, la primera ordenó una serie de ataques aéreos contra Finlandia. La URSS justificó su ataque en nombre de una defensa preventiva debido a que, si bien el gobierno finlandés había declarado su no beligerancia en el conflicto, las tropas finlandesas se habían movilizado preparándose tanto defensiva como ofensivamente. Es de recordar que existía una gran hostilidad entre ambos Estados que ya habían combatido una guerra en 1939.

Otro caso concerniente la legítima defensa preventiva, pero que no resultó en una confrontación bélica, fue el bloqueo a Cuba en 1962. A causa de la instalación de mísiles atómicos ofensivos en aquella isla caribeña por parte de la URSS, los Estados Unidos respondieron con un acto de naturaleza ofensiva: un bloqueo naval. El bloqueo, que fue llamado «cuarentena» para que no fuera entendido como un acto de guerra, fue aprobado por la OEA y constituyó una acción preventiva para impedir una ofensiva anticipatoria de la Unión Soviética. En este caso en particular la doctrina del «acto último irrevocable» no importaba debido a la gran capacidad destructiva de los mísiles. Finalmente la Crisis de los Mísiles finalizó con su retirada de Cuba. El bloqueo naval fue visto como legítimo por la comunidad internacional, otorgándole una justificación defensiva al accionar estadounidense.

Un caso más reciente es la invasión del Líbano por parte de Israel en 1982, a causa del desarrollo de un conflicto civil en el primero que provocó a intervención de Siria. El Estado de Israel se vio obligado a interferir militarmente para prevenir una inminente acción terrorista del Hezbollah apoyada por Siria. La acción israelí fue legítimada en su causa pero condenada en cuanto al exceso de la acción.

De ahí a que resulte necesario que para que tales acciones sean configuradas dentro de la categoría de legítima defensa preventiva y no de ataque preventivo, que exista un nivel de hostilidad o beligerancia virtual entre los Estados en cuestión, que haga temer una inminente escalada del conflicto.

Jurídicamente el derecho de la Carta no establece la existencia de tal institución, pero parte de la doctrina establece que la legítima defensa preventiva subsiste fuera de la Carta como parte de la costumbre internacional. Una de las tantas iniciativas para reformar la Carta de la ONU en el 2005 contemplaba la inclusión de la legítima defensa preventiva como un derecho adquirido de los Estados.

Bibliografía

Pastor Ridruejo, Jose A.: «Curso de Derecho Internacional Público y Organizaciones Internacionales», Editorial Tecnos. Madrid 2011.

Pastor Ridruejo, Jose A.: «Lecciones de Derecho Internacional Público». 2.ª edición, Sección de Publicaciones de la Facultad de Derecho de la Universidad Complutense.

Pearson, Frederic y Rochester, Martin: «Relaciones Internacionales en el siglo XXI, 4.ª edición. Editorial Mc Graw Hill. Colombia 2000.

Ramiro Brotons, Antonio: «Derecho Internacional». Editorial Mc Graw Hill. Madrid 1997.

Ramón Remacha, José: «Derecho Internacional Codificado: Derecho de gentes». Editorial Aranzadi. Navarra 1984.

Pereira, Juan Carlos: «Historia de las relaciones contemporáneas» 2 Edición. Editorial Ariel, Madrid 2009.

Mariño Menéndez, Fernando: «Derecho Internacional Público» 3 edición, Editorial Trotta. Valladolid 2009.

Díaz de Velasco, Manuel: «Instituciones de Derecho Internacional Público». 17 edición. Editorial Tecnos. Madrid 2010.

M. Sanchez, Victor: «Derecho Internacional Público». Editorial Huygens. Barcelona 2009.